タブレット端末を活用した21世紀型コミュニケーション力の育成

編著●中川一史・山本朋弘・佐和伸明・村井万寿夫
監修●一般社団法人 日本教育情報化振興会

フォーラム・A

＊はじめに＊

　タブレット端末の導入が各地で止まらない。年に一度、文部科学省の「学校における教育の情報化の実態等に関する調査研究」で導入台数が示されるが、それが示されるときには、すでにそれよりも高い数値になっていることが推測される。

　タブレット端末がもつ「撮る」「見る」「書き込む」「大きくする」「見せる」「転送する」「保存する」などの活用シーンを組み合わせながら、これらを子どものコミュニケーション場面でどのように活用できるか、そもそも授業で学校で地域でどのようにコミュニケーション力を育成していくのかについて、事例をふまえ、整理したのが本書である。とくに、授業に活用できる研修モジュールはすでに開発されており、それを全国各地の学校や教育委員会主催の研修会で実施できるようにした。研修モジュールは、A：理論概説、B：課題改善、C：参加体験の三つから構成されており、さらにC：参加体験は、C−1：パネル討論、C−2：ブレーンストーミング、C−3：ブレーンストーミング＋KJ法、C−4：イメージマップ、C−5：バズセッション、C−6：ポスターセッションで構成されている。これらに加え、導入が進んでいるタブレット端末をまさにコミュニケーションツールとしての活用の可能性や具体について、本書は提案している。

　第1章では、「21世紀型コミュニケーション力とタブレット端末の活用」についての考え方を簡単に整理している。第2章では、二つの地域（鳥取県岩美町・熊本県高森町）と二つの学校（松戸市立馬橋小学校・松阪市立三雲中学校）での取り組みついて、事例を示した。そして第3章では、21世紀型コミュニケーション力の研修についてまとめている。

　本調査研究を支えてくれた一般社団法人日本教育情報化振興会（JAPET&CEC）および公益財団法人JKA、そして何よりも、共に教材パッケージの開発やワークショップの実施、効果測定を行ってきた10名の委員がいてこその推進だった。最後に、本書の編集担当の矢田智子さんにも心から感謝したい。

2015年2月吉日　編者を代表して
中川一史

【参考】
21世紀型コミュニケーション力
育成調査研究委員（2014年度）
　　中川一史（放送大学：委員長）
　　村井万寿夫（金沢星稜大学：副委員長）
　　山本朋弘（熊本県教育庁）
　　佐和伸明（柏市立柏第二小学校）
　　秋元大輔（船橋市立塚田小学校）
　　岩崎有朋（岩美町立岩美中学校）
　　西田光昭（柏市立中原小学校）
　　成瀬　啓（大崎市立鬼首小学校）
　　久保昌也（船橋市立小栗原小学校）
　　佐藤幸江（金沢星稜大学）
　　楠本　誠（松阪市立三雲中学校）

2年間の活動を通して

監修者
一般社団法人　日本教育情報化振興会

「ICT社会におけるコミュニケーション力の育成」事業は、公益財団法人JKAの補助事業として平成25年度～26年度の2年間実施した。

当社団（平成25年度実施時は、一般財団法人コンピュータ教育推進センター（CEC））は、これからの社会・産業界で活躍するコミュニケーション能力の高い児童・生徒を育成するために、「ICT社会におけるコミュニケーション力の育成」を、学習活動の中にどのように取り込んでいくか、指導をどのようにすすめていけばいいのかを、研修パッケージとして作成し、先生が児童・生徒のコミュニケーション能力を育成する授業を実践できるようになることを推進しており、授業につなげていくためのノウハウを提供している。

教育委員会主催の研修会や学校の公開授業研究発表会、または校内の研修会等において、本研修を行った。平成25年度は20か所で973名、平成26年度は11か所（2回研修実施校有り）で延べ986名の先生に受講いただいた。

26年度の研修は、25年度の研修をより「定着」するもので、研修会で得たノウハウを活かした研究授業と授業検討会を行うことし、実践授業例も集まった。

◆平成25年度の実践事例
　http://www.cec.or.jp/cecre/jka/h25com_report.html
◆平成26年度の実践事例（掲載予定）
　http://www.japet.or.jp/

実施した学校からは、
「先生の異動が多い中、『21世紀型コミュニケーション力』について、共通理解が図られたことはよかった」「コミュニケーション能力には、さまざまなとらえ方があるが、一つのとらえ方としてこのようなとらえ方があるということを理解した」「本校の研究主題がコミュニケーション力であったため、伝え合い学び合うためにはコミュニケーション能力の育成が必要であると考えたが、実際に研修を受けてみて、それが必要なことが理解できた」「研究授業の指導案の中に、コミュニケーション能力が育成されたかどうかを評価するための評価項目として、本事業で開発されたコミュニケーション能力表を活用して、その項目を盛り込むことで、コミュニケーション能力の育成の意識が芽ばえた」「授業後も、その評価項目に基づいて、コミュニケーション能力の育成が本授業で図れたかどうかを判断することができた」「コミュニケーション能力の育成が、日常的な活動の中でも大切だという認識が生まれ、次年度の研究では、コミュニケーション能力の育成を研究の柱の一つとして進めていく方向性が検討された」
等のご意見を多数いただいた。

今後も児童・生徒のコミュニケーション能力向上のために、本事業を推進していく所存である。

目　次

* はじめに　　2
* 2年間の活動を通して　　3

[第1章]
21世紀型コミュニケーション力とタブレット端末の活用　　5

[第2章]
各地域、学校の事例から　　15

1節 * 「教師の出」を意識したコミュニケーション力の育成
　　　～松戸市立馬橋小学校の事例～　　16

2節 * 児童生徒1人1台タブレット端末環境での協働的な取り組み
　　　～松阪市立三雲中学校の事例～　　33

3節 * コミュニケーション力のすそ野を広げるエキスパート教員の活動
　　　～鳥取県岩美町の事例～　　54

4節 * 思考・表現ツールを重視した地域あげてのコミュニケーション力育成
　　　～熊本県高森町の事例～　　71

[第3章]
21世紀型コミュニケーション力の研修　　91

1節 * 研修パッケージの開発　　92
2節 * 21世紀型コミュニケーション力研修の実際と評価　　94
3節 * シンキングツールを活用したコミュニケーション力の育成　　100

21世紀型コミュニケーション力と
タブレット端末の活用

第1章

21世紀型コミュニケーション力と
タブレット端末の活用

放送大学　教授
中川 一史

　今後子どもたちがつけるべき力については、さまざまな方向で示されている。そのような中、コミュニケーション力の育成が必須であることは疑いがない。とくに、本プロジェクトでは、これからつけるべきコミュニケーション力を「21世紀型コミュニケーション力」とし、調査研究や教材パッケージの開発、ワークショップの実施をすすめている。21世紀型コミュニケーション力とは、「主体的に情報にアクセスし、収集した情報から課題解決に必要な情報を取り出し、自分の考えや意見をつけ加えながらまとめ、メディアを適切に活用して伝え合うことにより深めていくことができる能力」をさす。
　これをスキルの視点でとらえると、

・人やメディアにアクセスするスキル
・複数の情報から必要な情報を取り出し新たに情報を生成するスキル
・メディアを活用しながら表現・交流し合うスキル

に分けられる。
　このようなスキルは学校の教育活動全体を通じて身についていくものであり、これを端的に21世紀型コミュニケーション力と称することにした。この21世紀型コミュニケーション力は、全国の教員への実態調査や学習指導要領との関連から、協調的レベルとしての「対話」「交流」と、主張的レベルとしての「討論」「説得・納得」の四つの段階に整理した（図表1）。
　また、分類した四つのコミュニケーション行為に共通した言語活動の具体を「聞く・わかる」と「話す」の2側面でとらえ、コミュニケーション行為の「初期」から「達成」までを段階的に整理した。21世紀型コミュニケーション能力表を各学校・各教師に示すことにより、子どもたちに育成すべきコミュニケーション力を俯瞰してもらうことができる（図表2）。
　さらに、小学校学習指導要領をもとに21世紀型コミュニケーション能力表に埋め込むことができる学習活動を洗い出し、各教科・領域ごとに整理した（図表3）。そして、ある学習活動を想定しながら、実際の学習活動を具体化・一般化するための学習活動案（学習指導案）を作成した。各教科等の能力表を各学校・各教師に示すことにより、学校全体としての考え方や取り組み方について共通理解することができる。いわば全国の各学校で全教師が各々の立場からコミュニケーション育成を目指す教育実践に寄与することができる。同時に、学習活動案を示すことで、これまでの学習指導の中でどういうことに意識したり留意したりすることがこれから必要とされるコミュニケーション力育成につなががのかといったことを教師自身が意識することができる。
　すでに、この各教科・領域の能力表については、既刊で公表しているので、詳細はそちらをご覧いただきたい（参考文献参照）。また、

事例については、第2章の各学校・地域の節で紹介している。

多様性の理解	最適解の研究
②交流 考えを出し合い、相手の意見を聞いて相手のことを理解する	③討論 相手の考えと自分の考えを比較検討して意見を返すことを繰り返す
協調的レベル	主張的レベル
①対話 考えを出し合い、お互いの考えを明らかにする	④説得・納得 相手に自分の考えを明確に伝えて意見交換しながら、筋道を立てて説き伏せる

図表1：21世紀型コミュニケーション力の協調的レベルと主張的レベル

対話		交流	
考えを出し合い、お互いの考えを明らかにする		考えを出し合い、相手の意見を聞いて相手のことを理解する	
聞く・わかる	話す・伝える	聞く・わかる	話す・伝える
相手の考えを聞く	自分の考えを持つ	相手の考えを聞く	自分の考えを持つ
相手の考えを関心を持って聞く	自分の考えを相手に話す	相手の考えを関心を持って聞く	自分の考えを相手に話す
		相手の考えに共感しながら聞く	相手の話を受けて話したり聞いたりする
		相手の考えを聞きながら、相手の目的や立場を理解する	お互いの考えを整理し、目的や立場に応じて伝える

=能力表の見方=
（　）レベル1は，1年生～2年生程度
（　）レベル2は，2年生～4年生程度
（　）レベル3は，3年生～5年生程度
（　）レベル4は，5年生～6年生程度

各レベルで、学習指導要領からレベルに適した項目を例示してみました。この図表2から図表3の具体的事例は、この一覧表に即して提示してあります。どの教科でも、学年が上がるにつれて、協調的レベルから主張的レベルにステップアップできるように計画してあります。学年や子どもの実態に応じてどんどん利用してみてください。
★ 以降のページで紹介してある各能力表も同様の見方で見てください。
★ 表中の各項目に罫囲みで示してあるのは、その項目における学習指導要領の記述にそった活動内容の例です。

・・・・・・・・・・・・・・・・・・・・ 協調的レベル ・・・・・・・・・・・・・・・・・・・▶

コミュニケーションの行為を対話→交流→討論→説得・納得と設定し、各行為の定義づけを行いながら、協調的レベルを対話と交流に、主張レベル的を討論と説得・納得に分けてとらえることができるようにした。

図表2：21世紀型コミュニケーション能力表　～各教科・領域共通～

21世紀型コミュニケーション力とタブレット端末の活用 >>

討論		説得・納得	
相手の考えと自分の考えを比較検討したり意見交換したりする		自分の伝えたいこと論理的に話したり、相手の考えを理解して受け入れたりして、共通理解を深める	
聞く・わかる	話す・伝える	聞く・わかる	話す・伝える
相手の考えを聞く	自分の考えを持つ	相手の考えを聞く	自分の考えを持つ
相手の考えを関心を持って聞く	自分の考えを相手に話す	相手の考えを関心を持って聞く	自分の考えを相手に話す
相手の考えに共感しながら聞く	相手の話を受けて話したり聞いたりする	相手の考えに共感しながら聞く	相手の話を受けて話したり聞いたりする
相手の考えを聞きながら、相手の目的や立場を理解する	お互いの考えを整理し、目的や立場に応じて伝える	相手の考えを聞きながら、相手の目的や立場を理解する	お互いの考えを整理し、目的や立場に応じて伝える
相手の考えを聞きながら、考えの共通点や相違点を理解する	同じところや異なったところを確認し合う	相手の考えを聞きながら、考えの共通点や相違点を理解する	同じところや異なったところを確認し合う
話題について多様な考えを出し合い、考えを確かにする	話題について多様な考えを出し合い、考えを深める	話題について多様な考えを出し合い、考えを確かにする	話題について多様な考えを出し合い、考えを深める
		自分の考えがわかってもらえたか相手の発言や表情で確認し、新たな説明の仕方を検討する	筋道立った説明をしようとしているか再考し、相手に伝える
		議論について多面的な意見を出し合いながら、共通理解を深める	自分の経験やものの例えを用いて相手を説き伏せる

••••••••••••••••••••••••••• 主張的レベル •••••••••••••••••••••••••••▶

○ 主として低学年では、対話と交流の力を身につけることを目指すための能力要素を配列してある。
○ 主として中学年では、交流と討論の力を身につけることを目指すための能力要素を配列してある。
○ 主として高学年では、討論と説得・納得の力を身につけることを目指すための能力要素を配列してある。

図表2：21世紀型コミュニケーション能力表　～各教科・領域共通～（続き）

対話		交流	
考えを出し合い、お互いの考えを明らかにする		考えを出し合い、相手の意見を聞いて相手のことを理解する	
聞く・わかる	話す・伝える	聞く・わかる	話す・伝える
相手の考えを聞く	自分の考えを持つ	相手の考えを聞く	自分の考えを持つ
●相手に応じて身近なことや経験したことなどから話題を設定する（話す・聞く） ●事柄の順序に従って話すために必要なことを思い出す（話す・聞く） ●書こうとする題材に必要な事柄を集める（書く）			
相手の考えを関心を持って聞く	自分の考えを相手に話す	相手の考えを関心を持って聞く	自分の考えを相手に話す
●事柄の順序にそって簡単な構成を考える（書く） ●書いた文を音読したり，黙読したりして間違いに気づき，正す（書く） ●大事なことを落とさないようにしながら興味を持って聞く（話す・聞く）		●書いたものを読み合い，よいところを伝え合う（書く） ●自分の思いや考えをまとめ，発表し合う（読む）	
		相手の考えに共感しながら聞く	相手の話を受けて話したり聞いたりする
		●互いの話を集中して聞き，話題に沿って話し合う（話す・聞く）	
		相手の考えを聞きながら、相手の目的や立場を理解する	お互いの考えを整理し、目的や立場に応じて伝える

図表3：同～国語科の例

21世紀型コミュニケーション力とタブレット端末の活用 >>

討論		説得・納得	
相手の考えと自分の考えを比較検討したり意見交換したりする		自分の伝えたいこと論理的に話したり、相手の考えを理解して受け入れたりして、共通理解を深める	
聞く・わかる	話す・伝える	聞く・わかる	話す・伝える
相手の考えを聞く	自分の考えを持つ	相手の考えを聞く	自分の考えを持つ
相手の考えを関心を持って聞く	自分の考えを相手に話す	相手の考えを関心を持って聞く	自分の考えを相手に話す
相手の考えに共感しながら聞く	相手の話を受けて話したり聞いたりする	相手の考えに共感しながら聞く	相手の話を受けて話したり聞いたりする
相手の考えを聞きながら、相手の目的や立場を理解する	お互いの考えを整理し、目的や立場に応じて伝える	相手の考えを聞きながら、相手の目的や立場を理解する	お互いの考えを整理し、目的や立場に応じて伝える
相手の考えを聞きながら、考えの共通点や相違点を理解する	同じところや異なったところを確認し合う	相手の考えを聞きながら、考えの共通点や相違点を理解する	同じところや異なったところを確認し合う
話題について多様な考えを出し合い、考えを確かにする	話題について多様な考えを出し合い、考えを深める	話題について多様な考えを出し合い、考えを確かにする	話題について多様な考えを出し合い、考えを深める
		自分の考えがわかってもらえたか相手の発言や表情で確認し、新たな説明の仕方を検討する	筋道立った説明をしようとしているか再考し、相手に伝える
		議論について多面的な意見を出し合いながら、共通理解を深める	自分の経験やものの例えを用いて相手を説き伏せる

図表3：同〜国語科の例＜第1・2学年＞

◆ 多様性の理解と最適解の追究×答のあるものと答のないもの

協調的レベルである「対話」や「交流」で重要なのは、「多様性の理解」である。自分の考えや思いと誰（どの）の考え・思いは同じなのか、誰（どの）考え・思いは違うのか、その「同じ」と「違い」を明確にしていくことが重要だ。算数や理科で、その求め方、考え方がいろいろあることに気づくなどはこれにあたる。たとえば、算数の授業で、ある面

積の求め方について、いろいろと考えを出し合い、それぞれの考えを確認することがそれにあたる。協調的レベルでは、違う視点に気づいたり、アイディアを広げたりしていくのである。このように、多様性の理解では、共通点や相違点を明確に意識できるような手だてが重要になる。

　一方、主張的レベルである「討論」や「説得・納得」は、つまるところ、「最適解の追究」である。他の友だちとの考えの相違を理解したうえで、しかし、自身の考えの正当性を理由や根拠、事例などをもとに展開していく。たとえば、先の算数の授業で、「はやく・かんたんに・せいかくにできるのはどれだろうか」と、子どもたちに根拠や理由とともに求めることがそれにあたる。確実な解があるわけではないが、より最適な問題解決に向けて学級内で知恵をしぼるのである。教師側からすると、ある学習では資料から、あるいは既習事項から、子ども個々の体験から根拠をとりたてていくことになる。また、学年や学級の実態にもよるが、年度前半では教師がとりたてているが、後半では子ども同士でそのような眼をもたせていくことが重要である。

　「どのような学習活動のゴールを求めるのか」には、この「多様性の理解と最適解の追究」に加え、「答のあるものと答のないもの」というベクトルが存在する。たとえば、新聞の見出しを検討する学習活動で、実際の新聞を例に考えさせるとしたら、「この新聞にはどんな見出しがついているだろう」と予想をさせることになる。つまり、最終的にはホンモノの新聞についていた見出しという正解があるわけだ。さらに「記者はどうしてこの見出しをつけたのか」と問うこともできる。一方、実際の新聞を題材にするわけでなく、「この記事にどんな見出しをつければよいだろう」と投げかけたら、それは正解のないところで

りよい見出しの検討をさせることになる。このように、「答のあるものと答のないもの」のいずれなのかという選択肢がある。これらは、図表4のように、マトリクスに整理でき、何を学習活動のゴールとして求めるのかを検討する目安になる。

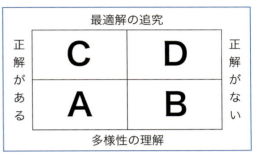

図表4：学習活動のゴールに関するマトリクス

◆ からみとゆらぎ×10の教師の出

　コミュニケーションの深まりを求めるには、単にグループで活動していればよいというわけではない。先の「多様性の理解と最適解の追究」と「答のあるものと答のないもの」のどこの座標の学習においても、表面的に話し合いが行われていても、話の論点が定まらなかったり、そもそも話し合いの目的がわからずにさせられていたりといったことも目にすることが少なくない。これら目的をもって、論点を明確にして、話し合いを深めていくさまを筆者は「からみ」とよんでいる。「からみ」が生まれると、なんらの軋轢が生じたり、スムーズに話し合いが進まず個々に考えが立ち止まってしまうことがある。本当にこれでよいのか、もっと他の方法があるのか、友だちの意見に賛成できるところはないのか、など、再考を迫られるプロセスが重要である。これは子どもの思考に「ゆらぎ」が起こるからだ

21世紀型コミュニケーション力とタブレット端末の活用 >>

（図表5）。

　とくに最適解の追究場面では、根拠・妥当性の児童生徒なりの検証が必要になる。また、教師側は「何が論点（争点）かを把握できるか（そのような授業場面を想定できるか）」「どのように論点を明確にするか（どのように整理できるか）」「教師がおとしどころをどのようにもっているか」などを意識することになる。このように「ゆらぎ」のない授業では「からみ」のある話し合いにならないし、「からみ」のない授業では子どもの「ゆらぎ」は起こらない。

　また、このような話し合いの場面では、よくすぐにグループで話し合わせることも少なくない。そうしてしまうと、一見、活発に見えても、議論が深まっていなかったり、グループの中で発言できない子どもが出てきたりしてしまう。それは、個人ベースでの考えの醸成が十分にできていないから起こることだ。つまり、一人ひとりが、考えを深め、ねりあげる場の保証も必要なのだ。一人ひとりに寄り添うことで、個々がどのような思いやこだわり、迷いをもっているかを把握することもできる（右頁図表6）。

「からみ」や「ゆらぎ」が起こるような場面では、これらを支えるさまざまな教師の出が見られる。とくに、既習事項などの「想起」、つぶやき等の「拾い上げ」、自信をおこさせるような「ほめ」、十分に説明ができない子どもへの補足としての「通訳」、考えのゆらぎを起こすような「ゆさぶり」を子どもの実態にそくして、個々に対応することが重要だ。また、焦点になることや子どもの意思をたしかめるための「確認」、板書などによる発言内容の「整理」、少し考える場を与える「間」、流れを見通して指名をしていく「目的的指名」、次の時間につなげるような「新たな論点の提示」は、全体で話あっているときにタイミングよく行うことは、授業の成立には欠かせない。

◆ タブレット端末の活用×思考の可視化

　このようなコミュニケーション場面でタブレット端末を活用するときの一番の意図は「思考の可視化」であろう。思考を可視化するとは、「頭の中にある思いや考えを視覚的に表すこと」を意味する。問題はそこで情報を共有し、

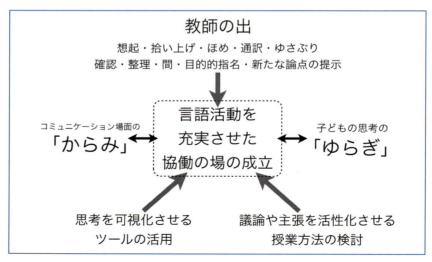

図表5：言語活動を充実させた協働の場の成立

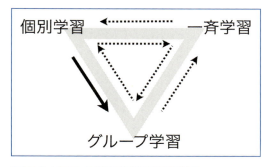

図表6：三つの学習形態の切り替え

そこに書かれた（描かれた）ものをもとにお互いに考えを深めることができるかどうかにある。もちろん共有の場（プラットフォーム）になるのはICTだけではない。たとえば黒板、ホワイトボード（ミニ黒板）、模造紙、付箋紙、イメージマップやXチャートなどのシンキングマップなど、アナログ的なツールを授業に活かしている教師が多い（図表7、8、9）。

図表7：板書

図表8：掲示物

① （文章などを）読む
② （映像などを）見る
③ （声・音や音楽を）聞く
④ （文字や文章を）打つ・書く
⑤ （ラインなどを）引く・（図表や写真などの上や横に）書き込む
⑥撮る
⑦動かす
⑧大きくする
⑨見せる
⑩ （デジタルテレビなどや友だちのタブレット端末に）送る
⑪保存する

図表9：付箋紙

図表10：動的なツールとしてのタブレット端末

21世紀型コミュニケーション力とタブレット端末の活用　>>

そして、思考の可視化ツールとしてのプラットフォームになる一つがタブレット端末だ。タブレット端末でできる代表的なことを前頁図表10に示した。動的なツールとしてタブレット端末は、授業中に11の動作が想定される。これらの活用シーンを組み合わせながら、あるいは特定のアプリを活用しながら、「対話」「交流」「討論」「説得・納得」場面でプラットフォームとしてタブレット端末の特性を活かしていく（前掲：図表5参照）。

◆ タブレット端末活用で留意すべことは何か

タブレット端末の活用で留意すべきことは何だろうか。ここでは三つあげておきたい。

(1) 児童生徒の活動把握をどのように行うか

これまでの「おもに教師が提示用に活用する機器」では、教師が活用場面やタイミングをしっかりコントロールできた。しかし、児童生徒が一人1台ずつ授業中に活用するとなると、そうはいかない。学習規律をどうするのか、あるいは指示の徹底をどうするのかなど、とくに導入時の教師のとまどいの声を聞く。パーソナルであるということは、教師が把握できない状況になりかねない。校内で情報共有しておくことも重要だ。

(2) 教科書やノート、板書、掲示物との選択・組み合わせをどのように行うか

教室でのタブレット端末活用授業時には、電子黒板やプロジェクターなどの機器の他に、教科書やノート、板書、掲示物がある。つまり、「登場人物」が多くなったわけだ。タブレット端末で活用する学習者用デジタル教科書も市販されている。これらと紙の教科書はどう使い分けるのか、タブレット端末を活用することで板書がおろそかにならないか、など懸案はいろいろある。いずれにしても、「登場人物」が多くなった中、これらをどううまく選択したり組み合わせたりしていくのかがポイントになろう。

(3) 授業支援ソフトとの連動をどのように行うか

児童生徒のタブレット端末と教師用タブレット端末、あるいは電子黒板等との情報共有や転送に威力を発揮するのが授業支援ソフトだ。児童生徒の学習進捗や状況を把握したり、ある児童生徒の書き込みをそのまま大画面で提示したりすることは、これまで机間指導でやりきれなかった児童生徒理解やテンポよい授業の実現に一役かっている。しかし、40人近くのリアルタイムな書き込みのどこに注目してそれを瞬時に判断し授業内で活かすのかが難しい。教師がしっかり視点をもって画面を見ていないと、目の前の児童生徒の見とりがおろそかになってしまうこともある。

このような留意点を意識しつつ、コミュニケーション力を育むために有効に活用していきたい。

【本章参考文献】
・D-project編集委員会（編）『つなぐ・かかわる授業づくり：タブレット端末を活かす実践52事例』学研教育出版，2014年
・中川一史，寺嶋浩介，佐藤幸江（編著）『タブレット端末で実現する協働的な学び』フォーラム・A，2014年
・中川一史，村井万寿夫，秋元大輔，山本朋弘（編著）『続・コミュニケーション力指導の手引 小学校版』高陵社書店，2012年
・中川一史，村井万寿夫，秋元大輔，山本朋弘（編著）『コミュニケーション力指導の手引 小学校版』高陵社書店，2011年

各地域、学校の事例から

* 第2章 … 各地域、学校の事例から *

1 「教師の出」を意識したコミュニケーション力の育成 ～松戸市立馬橋小学校の事例～

千葉県松戸市立馬橋小学校　教諭
堤 由美子

伝承あそびのコツを教える

◆ コミュニケーション力を重視した校内の実践研究

　本校は、松戸市の情報教育の研究指定を受けている。情報教育の取り組みとして、これまで「伝え合う力」について、「課題をもつ」「さがす」「調べる」「まとめる」「伝え・やりとりする」と大きく五つに整理して支援してきた。「伝え・やりとりする」段階において、児童が考えを一方的に伝えるのではなく、相手を意識して「伝える力」や相手が伝えようとしていることを「受け止める力」が話し合いの質を高めると考えた。児童がこれまで身につけてきた「伝える力」に加えて、「受け止める力」を育て、児童の学び合いを通してコミュニケーション力を高め、学習の目標を達成することを目指している。

　授業でICT機器を活用する場面が確実に増えている今、活用の目的や活用の場面に関しては、くり返し検討する必要がある。大きく見せることやドリル的な活用だけではなく、児童にどのような力を育むことが目的であるのかを考え、ICT機器活用が有効であるかどうかを判断しなければならない。本校は、電子黒板や実物投影機、タブレット端末などを活用できる環境にある。互いに考えを交流しながら、コミュニケーション力を育むことを目的として、児童が考えを伝えやすく、受け止めやすい環境にするために、学習活動においてのICT機器活用の位置づけを重視している。

　コミュニケーション力は、すぐに身につく力ではないことから、継続的に支援し、全教科・領域の学習活動やその他のあらゆる場面において段階を追って育む必要がある。そこで、研究主題を「コミュニケーション力を高め、学びを深め合うための学習指導のあり方」として、21世紀型コミュニケーション力の定義（中川ら, 2012）に基づき、研究を進めている。協調的レベルの「対話」「交流」、主張的レベルの「討論」「説得・納得」の力を段階的に育むために、題材の工夫や教師の支援を高めるように努めている。

　校内研修で実践当初は、コミュニケーション力を育むことの必要性を感じてはいるものの、どのように学習活動の中に取り入れたらよいか迷うことが多くあった。
① 「コミュニケーション力の段階的な指導はどのようにすればよいのか」
② 「コミュニケーション力を育むための具体

的な支援は、どのようにしたらよいか」
③「ICT機器の活用をどのように考え、学習活動に取り入れるか」

など、職員から多くの声が出された。コミュニケーション力育成は、継続的な取り組みが必要なものである。これらの課題について、校内授業研究会を通して、児童の姿と教師の支援を全体で共有し、具体的な場面を挙げて話し合い、講師の先生にもご指導いただいて、次のようにまとめてきた。

(1)「コミュニケーション力の段階的な指導について

発達段階に応じためあてを整理したことで、指導計画時に確認ができるようになった。

	対話	交流	討論	説得・納得
1年	・体験したことを話したり聞いたりする。	・自分の伝えたいことを話す。 ・聞きながらうなずく。 ・感想を言う。		
2年	・体験したことや感じたこと話したり聞いたりする。	・自分の伝えたいことをわかりやすく話す。 ・質問に答える。 ・もっと知りたいことを質問する。	・友だちの話を聞いて、自分の考えたことを話す。 ・その理由も言う。 ・お互いの意見を聞き合う。	
3年	・資料を提示しながら、調べたことをわかりやすく話す。 ・自分で作った資料を提示して話す。	・調べたことをわかりやすく発表する。 ・聞き手は内容を理解し、具体的に質問する。	・友だちの発表をよく聞いて、自分と友だちの考えを比べて意見をもらう。 ・質問して友だちの思いや考えを詳しく聞く。	
4年	・資料を提示しながら、調べたことや考えたことをわかりやすく話したり、聞いたりする。	・調べたことや考えたことを聞き手にわかりやすい表現方法で発表する。 ・聞き手は内容を理解し、質問したり意見を出したりする。	・友だちの発表をよく聞いて、自分と友だちの考えを比べて、賛成や反対の理由を話す。	・考えの違いに気づき、互いに考えを受け入れようとする。
5年	・事実、意見、感想を区別して話したり聞いたりする。	・共通点、相違点に気づき、相手を理解する。	・共通点、相違点に気づき、意見を交換する。	・根拠を示して話す。 ・相手を理解する。 ・互いに深める。
6年	・事実・意見、感想を区別して話したり聞いたりする。 ・より伝わりやすい構成を考えて話す。	・共通点・相違点を明確にし、相手を理解する。	・共通点・相違点を明確にし、意見を交換する。	・根拠をもとに、自分の考えを理論的に相手に話す。

コミュニケーション力 学年別めあて　　協調レベル…対話、交流　主張レベル…討論、説得・納得

「教師の出」を意識したコミュニケーション力の育成 〜松戸市立馬橋小学校の事例〜　>>

役割	教師の支援
想起	生活経験や既習事項を思い出させ、児童の考えをふくらませる。
情報提供	情報を提供して、児童の活動を広げる。
通訳	言葉や資料を使い、児童にわかりやすく伝える。
拾い上げ	意見やつぶやきを拾い、児童の考えや気づきを授業の中に生かす。
整理	話し合いの方向や考えるポイントをはっきりと示す。
ゆさぶり	思考が止まらないように切り返しや投げかけをする。
確認	考えていることを再度伝えさせる。
間	少し待って考える時間をとる。
目的的指名	考えがつながるように指名の順番を検討する。
新たな論点提示	次に授業につながるような内容を提示する。

教師の役割と支援

(2)「教師の具体的な支援」について

　中川教授が第1章で示している10項目の役割にしたがい、授業場面で具現化してきた。

　学習活動の導入場面において、児童に意欲づけをしたり関心を高めたりするとき、これまでの経験や既習事項をもとに、新たな学習に入る際に想起させる。児童にさらに思考させたいときや見方や考え方を広げさせたいときに情報提供を行い、新たな気づきや考えにつなげる。

　たとえば、2年生の生活科では、「自然とのふれ合いを深め、生命を大切にすること」を学ぶ学習活動がある。身近な生き物を飼うことを通して、どのように飼ったらよいのか児童が考えを出し合うとき、確かな情報が必要となる。児童が生き物の生きる環境について関心をもって話し合うことができるように、生き物にあった環境があることを「情報提供」する。直接、内容に結びつく支援をしたり、情報の入手方法について支援をしたりする。さらに、生き物をこのまま飼うのか、もといた場所に帰すのかという命について考えた学習では、飼い続けたい、帰す、どちらも、の三者に分かれた。児童同士が考えを出し合うとき、立場をはっきりさせ、とくに何を伝えたいのかを支援することが必要になる。それぞれの立場の考えのポイントを板書しながら、「整理」することで、それぞれの立場の考えを聞いて、もう一度考えられるように思考の道筋をつくった。

　思考を止めないように児童の発言を関連づけて「指名」をしていくことや、互いに考えを主張したり相手の考えを聞いて揺れたりしているときなど、児童同士の意見が絡み合っているとき、しっかり考えるための「間」をとることが必要である。はじめは、生き物を飼い続けると言っていた児童が反対の立場の児童の考えを聞いて、小さなかごの中で飼うことが可哀想になったり、自然の中に帰すと

ペア活動　タブレット端末

一斉学習　電子黒板

言っていた児童が、帰すことで危険なこともあるから帰さないという考えに変わったりなど、児童は互いの意見を聞いて、もう一度考えるのである。「拾い上げ」「整理」その他の考え方はないか、なぜ、そう考えたのかなど「ゆさぶり」児童に返し考える「間」をくり返すことで、思考を深められるように支援をした。

(3) 効果的なICT機器活用について

　ICT機器をどの場面で活用するかを検討する。とくに、児童が互いの考えを交流する場面や思考を深める場面において活用し、児童の考えの「からみ」やしっかり思考するために「ゆらぎ」を生むような場面で活用をしていく。考えていることをできるだけ具体的に表現するために、可視化のためのツールとして活用をしている。可視化して、さらに自分の言葉で表現することで、話し手は自分の考えを伝えやすくなり、聞き手は相手の考えをイメージして受け止めやすくなる（第1章 p.12 図5参照）。

　また、ICT機器の特性を活かした活用やデジタルとアナログを融合させた授業づくりが必要となってくる。児童が自分で必要な場面を判断して、ICT機器活用ができるように日常的に活用していく。ICT機器活用と形態や場の設定についても考慮する。個人、ペア、グループ、一斉などの形態や机の配置を検討するとコミュニケーション力指導に効果的である。

◆ 授業事例の実際

(1) 小学校1年生　生活科
あきとなかよし

①授業づくりのポイント

　本単元は、季節の変化に気づき、自然のすばらしさを味わうことや見つけた秋を通して、友だちと交流を深めることができる内容である。身近なところで、自然の変化に気づき、さがす、触れる、つくる、伝えるなど、さまざまな活動を取り入れ、児童が自然やひとと進んで関わりをもてるようにしていきたい。

　季節の変化の気づきを拾う→全体に広げる→共有させる→もう一度、個に返して実感できるようにする。さらに、実感したことを表現する場をつくり、ひととの関わりが広がるように活動を工夫することが授業づくりのポイントとなる。実物に触れ、コミュニケーション力を高める学習活動を充実させる。

②評価規準

生活への関心・意欲・態度	活動や体験についての思考・表現	身近な環境や自分についての気づき
①感覚を使って秋と関わり楽しく活動している。	①秋の自然物や身近な材料を使って、工夫して作品を作ったり遊んだりしている。 ②自分なりに工夫して、秋の自然と遊んだ楽しさを表現している。	①夏に比べて、身近な自然の様子が変化したことに気づいている。 ②秋の自然を使って遊べた自分や一緒に遊んだ友だちのよさに気づいている。

③単元計画

時配	学習活動	支援と評価
1～4	校庭や公園で秋をみつける	◇木の葉や木の実をみつけ、秋への興味が持てるようにする。 ☆関心・意欲・態度①思考・表現①気づき①
5	見つけたことを友だちに紹介する【対話】	◇見つけた秋について具体物を使って話したり聞いたりできるようにする。 ☆思考・表現②気づき②
6～7	校庭や公園で木の葉や木の実で遊ぶ	◇自然と触れあい、十分に遊べるようにする。 ☆関心・意欲・態度①気づき①
8	楽しかったあそびを友だちに紹介する【対話】	◇公園で見つけた秋や遊んで気づいたことを発表し合う。 ☆思考・表現②気づき①
9～12	集めた木の葉や木の実を使って作る	◇集めてきた木の葉や木の実をいかすように助言する。 ☆思考・表現①気づき②
13～14	紹介し合ったり教え合ったりする【交流】	◇うまくいったところや工夫したところを、実物を使ったり、遊んだりしながら楽しく紹介し合えるようにする。 ☆関心・意欲・態度①思考・表現①気づき②
15～18	楽しかった秋の思い出を作品としてまとめる	◇実物を使って説明できるようにする。 ☆関心・意欲・態度①思考・表現②
19	秋の思い出を友だちに紹介する【対話】	◇実物や見つけたよカードの記録を使って、紹介し合う。 ☆関心・意欲・態度①思考・表現②気づき②

④授業の展開

生活科「あきを見つけよう」学習活動案

7　本時の展開（19／19）

(1)　目標　○見つけたものや作ったものを友だちに見せながら紹介できる。

　　　　　　◎友だちの紹介を関心をもって聞き，質問することができる。

(2)　展開　（視聴覚室）

過程	学習活動と内容	教師の支援（◇）と評価（☆）
導入 7分	1　本時の学習活動と学習の進め方を知る。 　　　　　しょうかいしよう！　わたしのあき ○話し手・聞き手のめあてを確認する。 〈話し手〉 　自分が作ったものの気に入っているところや作っているときに感じたことを話す。 ①気に入っているところ ②どこでひろったか ③その他 　どうしてその実や木の葉を選んだか、作り方、作品の名前やお話など 〈聞き手〉 　友だちが作ったものがどんな秋のものでできているかお気に入りのところはどこかなどよいところを見つけながら聞く。 ①お気に入りのところやよいところ見つける。 ②どんな秋の実や葉を使っているか知る。	◇学習課題をつかみ、本時の学習への意欲づけをする。 ◇話し手・聞き手のめあてを確認する。 　話題に沿って話したり聞いたりできるように、それぞれのめあてを確認する。 ◇ポイントを絞って気に入っているところやどこでひろったかを紹介することを確認する。 ◇友だちに聞かれたことに作ったものや思い出ブックを使って答えられるようにする。 ◇聞き手のめあてを整理する。 　話し手が何について話しているのかをよく聞いて、気に入っているところやどんな実や葉を使ったかなどをよく聞いて、うなずいたり質問したりするなど、反応をしっかりすることを確認する。 ◇繰り返し（3回）伝え合う活動を行う。 　自分がつくったもののお気に入りのところがしっかり伝えられるようにすることを確認する。
展開 30分	2　活動したことを紹介する。【対話】 ○めあてに沿って話し手と聞き手の役割で前半・後半に分かれて、活動を紹介し合う。1回目のペアトーク。 ○1回目のペアトークのあと、全体を集め、どんな質問をしたのかを聞き、質問の幅が広がるように確認する。 「どうしてその実をつかったの」 「つくるときにたいへんだったことは」 ○質問の幅が広がるように後半の活動に入る。 ○2回目のペアトークを行う。 ○友だちの作ったもののお気に入りのところを聞いているペアを全体の前で取り上げ、友だちのお気に入りのところを知るように確認する。 ○3回目のペアトークを行う。	◇話し始めに作ったものの名前や気に入っているところを話すようにさせることで、話しやすくする。 ◇ひろったときのエピソードを思い出ブックや宝物ケースを使って話しをするよう助言する。 ◇友だちの発表を聞いている児童の様子から、相手の作品についてもっと知ろうしている児童を拾い上げ、全体に広げる。【拾い上げ】 ◇よいところを友だちに伝えるように助言する。 ◇児童が話したり聞いたりしている様子を全体で見て、相手の作品のお気に入りのところに気づけるように支援する。 ☆楽しいことや気に入っているところを話すことができたか。 ☆友だちの話から楽しいところやよいところを見つけながら聞くことができたか。
まとめ 8分	3　活動を振り返る 　友だちの活動のよさに気づいたことや思ったことを発表する。 「秋でいろいろなものがつくれた」 「秋って楽しいな」 「冬もやってみたいな」 4　学級全員の作品のスライドショーを見る（大型テレビ）	◇友だちの活動のよさを中心にペアトークをふり返る。 ◇学級の友だちの作品を見て、思い出の秋をふり返る。

「教師の出」を意識したコミュニケーション力の育成 ～松戸市立馬橋小学校の事例～　>>

実物を使ってペアトークをする

話し手、聞き手の役割を知る

⑤授業の実際
ア　導入

児童は、校庭や公園など、身近なところでも秋を見つけられるようになり、季節の変化に気づき、味わうことができた。これまでの学習活動を振り返り、自分が感じた秋を友だちに紹介し合う活動に入る。ここでは、ペア活動による話し手と聞き手の役割があるので、役割について確認したあと、「みんなが見つけた秋のたからものを友だちに紹介しましょう」と投げかけた。児童は、これまで活動で集めたり作ったりしたものを見せながら、紹介し合った。

イ　展開

本時では、楽しかった秋を振り返ることのほか、児童が他者との関わりを広げることを目標としている。秋の紹介を通して、他者とコミュニケーションができるように、ペアを変えながら紹介し合った。コミュニケーションの【対話】の力を目標にして、自分の思いや気づいたことについて実物を見せて、話せるようにした。実物に触れることで、そのものや相手への関心を高めることができる。「自分もやってみたい」「作ってみたい」という思いにつながる。

途中に、参考となるペアの活動を共有する場を設けた。話し手が一方的に話してしまったり、または、話せなくて困ったりしている場合がある。他のペアの活動を知ることで、方法がわかったり、安心して活動ができたりする。全体で共有することで、話し手と聞き手の役割の取り方が理解された。全体で共有したあと、もう一度、ペア活動に返す。

ウ　終末場面

季節の美しさや見つけた木の葉や木の実で遊んだことで、気づいたことや感想を発表させた。このとき、自然との関わりについてはもちろん、自然を通して友だちとの関わりについての発言も拾い、全体に広げるようにした。友だちと進んで関わろうとする気持ちを育てることを意識している。

「秋は、どこにいくのかな？」「次は、冬を見つけたい」という声が聞こえてきた。

⑥実践を振り返って

1年生の児童は、周囲のものや人への関心を高める時期で、相手との関わり方を学ぶ活動となった。ペアトークを取り入れたことは、話し手と聞き手の役割が必ずあり、どの児童も接点を見つけて相手との関わり方を考えることになる。実物を活用したことで、より相手の活動を身近に感じて、発達段階に応じた「対話」ができた。目の前に具体物があること

で、ペアトークをする際に相手に伝えたり、尋ねたりするときに、うまく言葉だけで表現できないことを補えた。また、参考にしたいペア活動を取り上げたことは、その後の児童の活動に効果があった。

---

(2) 小学校２年生　体育科
ようこそ！わくわくレストランへ（表現運動）

---

①授業づくりのポイント

児童に身近で関心のある料理を題材に取り上げた。しかし、完成した料理は身近であるものの、その調理過程は知らないことの方が多い。そこで、料理の作り方を見たり、具材の変化を観察したりすることで新しい発見をさせ、それを表現したいという学習意欲につなげる。この単元では、１単位時間の始まりの５分にウォーミングアップの時間（「なりきりタイム」）と、各グループの表現を話し合い創り上げていく時間を設定した。それを毎時間繰り返し学習していけるように構成している。「なりきりタイム」では、跳ぶ、回る、ねじる、素早く走るなどの基本的な運動でも多様な動きがあることを学習し、各グループの表現に取り入れられるようにする。また、人数構成を変えることでも、表現の幅を広げられることを実感させる。

②評価規準

運動への関心・意欲・態度	思考・判断	技能
①誰とでも仲よく表現遊びに進んで取り組もうとしている。 ②きまりを守り、安全に気をつけて運動しようとする。 ③友だちの動きのよいところを見つけ、伝えようとしている。	①題材になりきるための表現を考えている。 ②友だちの考えを聞き、表現を工夫している。	①全身を使って、基本的な動き（跳ぶ・回る・ねじる・素早く走る）ができる。 ②なりきる物の特徴をとらえて全身を使って踊ることができる。

③単元計画

時配	学習活動	支援と評価
1	○オリエンテーション 「ようこそ、わくわくレストランへ」 ・ねらい、進め方を知る。 ・一人ひとり料理についてイメージを膨らませる。 ・グループごとに料理を決める。 ・基本的な動きを確認する。	◇題材のイメージを膨らませるため、写真や動画などを提示する。 ◇全身を使う動きを体験させ、動きのバリエーションを増やす。 ◇学習が振り返りやすいワークシートを用意する。 ☆関心・意欲・態度①技能①
2	○「ようこそ、わくわくレストランへ」を表現する。【交流】 ・一人ひとりのあらすじを考える。 ・一人ひとりのあらすじを基に、グループのあらすじを決めて、動きを考える。	◇話の流れがわかるよう、ワークシートを用意する。 ◇場面の切り替えのタイミングをつかみやすくするために音楽を用意する。 ◇会話が弾んでいるグループを取り上げ、よい話し合いの手本とする。 ◇次時で自分のグループの表現を客観的に見られるように、教師がタブレット端末に記録する。 ☆関心・意欲・態度②思考・判断①

「教師の出」を意識したコミュニケーション力の育成 〜松戸市立馬橋小学校の事例〜 >>

3	○「ようこそ、わくわくレストランへ」を表現する。【交流】 ・前時のグループの表現を振り返る。 ・タブレット端末を見て、自分たちの動きを確認する。 ・どんな料理を作っているのかが、わかるように話し合う。	◇タブレット端末を用いて自分の動きを外から見て、もっとよくする方法を考えやすくする。 ◇自分の考えを言いやすくする雰囲気をつくり、体を動かしながら話し合えるようにする。 ◇グループの表現の変化が確認できるように、教師がタブレット端末に記録する。 ☆関心・意欲・態度①思考・判断①
4 5 本時	○「ようこそ、わくわくレストランへ」を表現する。【交流】 ・前時までのグループの表現を振り返る。 ・兄弟グループに表現を見せて、一緒に表現できるようにする。 ・相手のグループやペアの表現のよいところを伝える。	◇他のグループの表現を見て、よいところを伝えられるようにする。 ◇表現について説明したり質問したりできるように、タブレット端末を使用して表現を共有する。 ☆関心・意欲・態度③思考・判断②
6	○5年生に向けて発表をする。【交流】 ・5年生には、何の料理を作っているかという視点で発表を見てもらう。 ・発表後、5年生から質問や感想を聞く。 ・質問に答えたり、工夫したところを伝えたりする。	◇発表後の話し合いの観点を提示する。 ◇一人ひとりが自分の表現で頑張ったところを言えるようにしておく。 ☆技能②

④授業の展開

7　本時の展開（5／6）

(1) 目標　○そのものになりきって、全身を使い、楽しく表現することができる。【技能】
　　　　　◎他のグループのよいところ見つけ、伝えることができる。

(2) 展開　（体育館）

過程	学習活動と内容	教師の支援（◇）と評価（☆）
導入 10分	1　あいさつ・健康観察 2　準備運動をする。 3　基本の運動をする。 ○なりきりタイム ○だるまさんがころんだ 4　本時の学習内容とめあてを確認する。 　　友だちのうごきをまねしてみよう	◇顔色などを観る。 ◇全身の部位をよく動かすようにする。 ◇全身を使い、いろいろな動きを表現することを意識できるようにする。 ◇学習課題をつかませ、本時の学習への意欲づけをする。
展開 25分	5　兄弟グループに表現を見せて話し合う。【交流】 ○表現を見て、感想を伝える。 6　兄弟グループの表現をまねして話し合う。【交流】 ○兄弟グループのペアの友だちに表現を教えてもらうためペアトークを行う。	◇友だちの動きを模倣するという視点で兄弟グループの表現を見るように助言する。 ◇話し合いの観点 ①おもしろそうだと思った動き ②やってみたいと思った動き ③わかりにくかった動き ◇話し合いに積極的に参加できない児童に対し、その児童の役割を明確にし、考えを伝えられるようにする。

	・ハンバーググループ 「見て見て。2の場面では、ぼくは、こんなふうにこねられるよ。やってみよう」 ○ペアの表現をまねて一緒にやる。 ○表現してみてわかったことを伝え合う。 ・カレーライスグループ 「なべの中でグツグツ野菜が動くときみんなバラバラの動きがおもしろいね」 ・ぎょうざグループ 「2の場面のお肉をこねるところは、こねている人の手があるからうごきやすいね。料理の指揮者みたい」	◇表現について説明したり質問したりできるように、タブレット端末を使用して表現を共有できるようにする。 ◇各グループをまわり、ペアの友だちに何をしているところか具体的に伝えられるようにする。【整理】 ◇どんな表現がおもしろかったかを言葉だけでなく、体を使って表現して伝えられるようにする。 ◇話し合いが進まないグループがあれば、一度全体で集め、どんな表現がおもしろかったか、グループの話し合いを紹介する。【拾い上げ】 ☆友だちのよいところを見つけ、伝えることができたか。 ☆そのものになりきって、全身を使い、表現できたか。 ◇まねっこグループは、模倣してみてどうだったか、発表グループはどんなことを言われてうれしかったかを発表できるようにする。
まとめ 10分	7 それぞれのグループの感想やよくなったところを発表する。 8 整理運動をする。 9 本時の学習を振り返り、次時の見通しを持つ。	 ◇使った部位をほぐすように助言する。 ◇次時には、今日の練習の成果を全体で見せる発表会を行うことを伝える。

⑤授業の実際

ア 導入

　ウォーミングアップとグループで表現する動きの確認を毎時間、導入時に入れた。跳ぶ、回る、ねじる、素早く走るなどの動きを入れながら、作り上げたストーリーを他のグループと見合う。本時では、見る側は、ペアになった友だちの動きについてアドバイスして、互いに表現をよくすることを確認する。

グループで動きを確認する

イ 展開

　グループで考えたストーリーを音楽に合わせて、表現する際、個人の動きとグループ全体での動きについての意見の交流がうまれる。互いの意見を聞き合い、考えを合わせたり変更したりするようになる。

　グループ内で互いの動きを見合いアドバイスすることができるが、ここで、タブレット端末を活用して動画に記録することで、自分の動きを確認したり、全体の動きを確認したりすることができる。友だちと互いにアドバ

「教師の出」を意識したコミュニケーション力の育成 ～松戸市立馬橋小学校の事例～

表現運動を確認する

話し合うときに、タブレット端末で表現している様子を見ながら話すことで、どこを、どのようにということを示しながら伝えることができる。動きにバリエーションを加えることや、コミュニケーションする時間の充実、運動量の確保にも役立てることができた。

ウ　終末場面

　グループの表現のよくなったところと感想を発表した。児童は、タブレット端末を活用して、具体的に示してアドバイスし合うことで、伝わりやすさを感じていた。その場で動きを確認できるので、よくなったところを認め合うことができて、次の活動にもつながった。教師は、児童の活動を拾い、参考にしたい場面を全体で共有するようにした。

⑥授業より

　学習活動を通して、体の基本的な動かし方のバリエーションを増やすことができた。グループでの話し合い活動では、タブレット端末を効果的に使い、自分の姿を客観的に見ることで、表現の仕方をさらによくする方法を話し合うことができた。自分の思いを伝えるための手段として、他の授業でもタブレット端末を用いたいと思う児童が増えたことも成果である。

(3) 小学校6年生　国語科
学校案内パンフレットをつくろう！

①授業づくりのポイント

　学校案内パンフレットを作成するにあたり、紙版とデジタル版の2種類を考えた。それぞれのプラス面、マイナス面を十分に話し合ったうえで、一方を選択して作成にあたらせる。相手や目的をはっきりさせて、パンフレットづくりの学習活動に取り組むことで、確かな情報をわかりやすく伝えることの大切さに気づかせる。効果的に情報を伝えるためには、どのように表したらよいかということを話し合うときには、対象や目的に戻ることで、児童が考えを出し合い学習を深めることができる。

②評価規準

興味・関心・態度	話すこと・聞くこと	書くこと	言語活動
①相手や目的を意識して、わかりやすく表現しようと工夫している。 ②内容や表現について、意見を出し合う。	①考えたことや伝えたいことなどから話題を決め、収集した情報を関係づける。 ②互いの立場や意図をはっきりさせて、計画的に話し合う。	①目的や意図に応じ、考えたことなどを文章全体の構成の効果を考えて書く。	①調べたことやまとめたことについて、討論する。

③単元計画

時配	学習活動	支援と評価
1	・1年生を対象とした学校案内パンフレットの目的や内容や表現について話し合う。	◇パンフレットの構成や表現から、対象や目的、内容、表現の違いに気づく。 ☆興味・関心・態度①
2	・デジタル版とペーパー版のパンフレットの違いを話し合い、どちらで作成するかを決定する。 ・活動するための2人組、3人組を作る。	◇デジタル版とペーパー版のできること、できないことを話し合い、自分がどちらで表現するかを決定する。 ☆興味・関心・態度②
3	・取材計画を立てる。 内容や構成を考え、取材計画を立てる。 【交流】	◇読み手が必要とする情報や作り手が伝えたいことについて考えを出し合い、整理して取材計画をたてる。 ☆話すこと・聞くこと①
4 5	・取材計画に沿って情報を収集する。	◇読み手を意識して、必要な情報を収集できるようにする。 ☆話すこと・聞くこと①
6 7	・収集した情報を整理して、必要な情報を選択し、パンフレットを作成する。 【交流】	◇読み手が必要とする情報を選択し、正確にわかりやすく表現することを考える。 ☆書くこと①
8	・作ったパンフレットを互いに見合い、気づいた点について考えを伝え合う。 【交流】	◇それぞれのパンフレットのよさや改善点に気づき、伝えられるようにする。 ◇付箋を使って、意見を整理しやすいようにする。 ☆話すこと・聞くこと②言語活動①
9 本時	・前時でもらった感想を整理して、パンフレットを改善する。	◇感想を整理して、パンフレットを改善する。 ◇改善前と比較して、伝わり方の違いに気づけるようにする。 ☆言語活動①
10	・完成したパンフレットを対象とする1年生に見せて、感想をもらう。	◇パンフレットを1年生に見せて、感想をもらうようにする。対象の感想を大事にして、よかった点と課題となった点を整理して、今後の学習活動に活かせるようにする。 ☆興味・関心・態度①

「教師の出」を意識したコミュニケーション力の育成 〜松戸市立馬橋小学校の事例〜　>>

④授業の展開
7　本時の指導（9／10）
（1）目標　○前時にもらった意見を整理して，パンフレットの改善について話し合う。
　　　　　◎話し合ったことをいかして，パンフレットにある内容を見直す。
（2）展開（6－2教室）

過程	学習活動と内容	教師の支援（◇）と評価（☆）
導入 5分	1　本時の学習のめあてをつかむ。	◇もらった感想を整理して、パンフレットを見直して完成させることを伝える。 付箋で見る
	学校案内パンフレットを完成させよう	
展開 10分	2　感想を整理する。【交流】 　よかった点はどこだろう 　1年生にわかりやすいところは 　改善点はどこだろう 　わかりにくいところはあるかな	◇感想を整理して、パンフレットを見直す。 ◇デジタル版、紙版、それぞれで確認をする。 ◇自分たちの考えと見てくれた人との差異に気づき、改善が必要な点を絞って話し合えるようにする。
20分	3　パンフレットを見直し改善 ・感想をもとに、改善について意見を出し合う。 ・どのように改善したらよいか ・どのように変えたら、情報が伝わりやすくなるだろうか。 視点・読める文字を使っている 　　　・読み手が知りたい内容 　　　・作り手が知っていてほしい内容 　　　・文字と写真や絵などのバランス 　　　・言葉の意味や使い方	◇改善の視点がはっきりわかるように掲示資料を活用する。必要な児童に助言する。 ◇内容の吟味をくり返し行うようにする。読み手が知りたい内容と伝えようとしている内容の差に気づき、手直しを考えるようにする。 ◇掲示資料をもとにして、タブレット端末のパンフレットと紙のパンフレットについて話し合う。
まとめ 8分	4　パンフレットを紹介する。 ・どのように改善したか、とくに伝えたいことは何かなどを紹介して、意見を聞く。	◇代表で改善後のパンフレットを見せて、気づいた点を発表させる。 ◇デザインに偏らないように、内容や発表者の考えに対して、意見を出し合えるようにする。
2分	5　次時の予告をする。 ・次時に1年生にパンフレットを見せることを伝える。	◇デジタルパンフレット、紙でのパンフレットのそれぞれのよさについての気づきを取り上げるようにする。 ☆意見を参考にして、パンフレットを見直したり改善したりできたか。

導入、付箋を活用して伝える

展開、課題を整理して、話し合う

⑤授業の実際

ア　導入

　完成前に互いにパンフレットを見せ合い、感想を出し合う。よい点、課題が残る点を付箋に書いて伝えるようにして、できるだけたくさんのパンフレットを見るようにする。

　多くを見ることで、パンフレットを見る対象を考えたわかりやすさの工夫に気づくようにする。デジタル版については、アプリ機能にある付箋を活用する。

イ　展開

　もらった感想や意見を整理して、パンフレットの改善が必要なものについて話し合う。

　デザイン的な手直しよりも、まず、内容についての手直しを確認する。手直しに迷っている場合は、パンフレットの対象や対象が必要とする情報について、話し合ったことを想起させるようにする。

ウ　終末

　パンフレットを作成するにあたり、課題にあげられた点についてどのように解決したか、また、解決しようとしているかについて出し合う。課題の傾向をつかみ、全体で解決に向けた考えを出し合うことで、意見を交流させる。

⑥実践を振り返って

　対象を絞ったことで、相手の立場に立って内容や表現の仕方について、よく話し合うことができた。パンフレットをデジタル版と紙版とで選択したことで、それぞれのよさについて考えたり、情報の選択や活用を考える場となった。また、互いに作成したパンフレットを見せ合い、気づいた点を付箋で表したことで、多くの意見が集まりグループごとに意見を整理して、改善につなげることができた。

◆ 校内研修の進め方

　校内研修は、研究推進委員会を中心に、学年・ブロック（低・中・高）・全体で、定期的に行っている。「課題解決に向け、よく考え吟味しながら情報を活用し、学びを深め合える子ども」を目指す児童の姿としている。情報を活用する力とともに、必要になるコミュニケーション力を育む学習活動を研究し、授業研究会で1人1授業展開や、学習活動を支援するために必要な研修を行っている。

　本校は、毎年、情報教育の公開授業研究会を行っている。研修の時間の確保は、どの学校でも難しいことがあるが、週1回必ず行うようにしている。21世紀型コミュニケーショ

「教師の出」を意識したコミュニケーション力の育成 〜松戸市立馬橋小学校の事例〜　>>

馬橋小学校　研究構想図

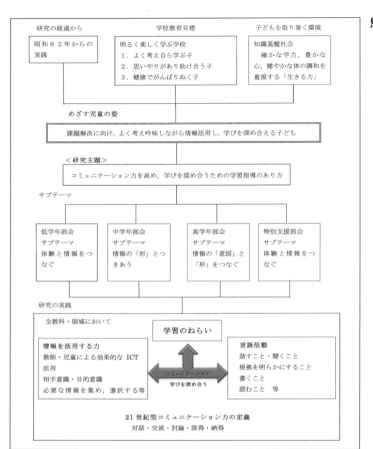

公開授業

ン力の定義に基づき全教科・領域で展開することになったが、現在のように教科が広がるまでには、時間がかかった。校内授業研究会では、参観するときの観点を明らかにして、

成果と課題について付箋に記入し、全体会の資料として活用できるようにした。全員が意見を出し合える場を作ってきた。全体会では、ブレーンストーミングやKJ法を取り入れてきた。ファシリテータを立てグループで意見を出し合ったあと、全体に広げるようにした。全員がどの授業にも考えを出すことができる方法である。

公開授業研究会の取り組み

①指導案検討会
・公開授業研究会に向け、夏に指導案検討会を行っている。学年やブロックで準備した指導案について、全体会にて1学年ずつ検討を行う。授業展開する教科・領域につい

指導案検討会

学年ごとの情報交換の場

ては、学年に任されているが、どの学年もこれまで展開していない教科や単元に取り組もうとしている。育てたい力、学習活動の内容、教師の支援などについて協議し、とくに、コミュニケーション力を高めるための教師の支援や効果的なICT活用については、活発な意見交換がされる。

②公開研究会
・校内授業研究会と同様に公開授業研究会では、参観者の方に観点に沿って成果と課題を付箋に記入していただき、表に整理している。それをもとに、学年ごとの分科会で、協議している。

・全体会の前半は、学年ごとに場所を区切り、資料をもとに展開授業や日頃の取り組み等について、情報交換を行っている。参観者の方からは、「最近、タブレット端末が学校に入ってきたので、どのように活用したらよいか参考になればと思い参加した」という声が多く聞かれた。
　全体会の後半は、講師と本校職員、参観者によるパネルディスカッションを行っている。公開授業研究会は、授業展開から全体会を通して、これからどのように児童のコミュニケーション力を育てていくかを考える場としている。

成果と課題を整理する

全体会　パネルディスカッション

「教師の出」を意識したコミュニケーション力の育成 ～松戸市立馬橋小学校の事例～

研究主任として、以下の点に留意している。

- 校内の先生方は、日常の学習指導の他、生徒指導や部活動指導などに追われていることが多い。そのために、研修が後回しにならないように、まずは、時間の確保を優先している。研修の内容についてしっかり計画、立案をして研究推進委員会で協議している。
- 各学年の研究推進委員が、学年やブロックの中でリードできるように、研究推進委員会を開いたときに、活動の確認を行う。また、活動後の様子を把握する。推進委員会での取り組みを若い先生方に知ってもらい、仕事を分担して伝えていくようにしている。「忙しい」という声に、ときどき負けそうになるが、伝えていかねば……という思いをもって進めている。
- 校内授業研究会で展開するためだけの研修ではなく、児童につけたい力を考え、そのために必要な指導力をつけるための研修や研究にしたいと考えている。1教科に絞った研究ではないので、学年やブロックの希望をできるだけ聞き、年間を通して指導していただける講師をあたる。また、情報機器に関する研修も行うようにしている。「教師力アップ！情報機器研修」に関しては、ベテラン組に、できるだけ関心をもってもらえるように、優しい声かけをしているつもりである。
- 他校や外部の研修会等に参加して情報を集めたり、先生方に紹介したりして研修への関心を高めてもらうようにしている。
- 全体研修会では、グループ協議を取り入れ、ファシリテータや記録・発言者などを決めて、全員が発言できる場をつくっている。グループ協議は、教師が自らのスキルを高めることと児童の学習活動の支援につなげることを意図して取り組んでいる。

公開授業研究会

③新任教師の成長
　～教材研究の大切さを感じた。そして、
　　楽しくなった～

　A教諭は本校に着任してから4年。当初は、周囲の教師が日常的にICT機器を活用する様子を見て、自分にできるか、どうやって使ったらよいかと不安そうにしていた。はじめから効果的なICT活用をすることは、誰にとっても難しい。そこで、ICT機器活用をした授業を参観し、どのような効果があったかを考える場をつくってきた。ICT機器を使えば、よい授業になるのではなく、目的をもって活用することに意味があり、効果があることを研修を通して伝えている。

　校内授業研究会で、全員が年間1授業展開をしている。経験の浅い先生方も授業展開にむけて、学年やブロックの先生方と準備したり相談したりしながら進めている。校内で授業を見合うだけではなく、外部講師を依頼して指導していただくことも、授業の質の向上につながっている。また、教師のスキルアップのために、民間企業の協力を得て研修を組んできた。「こういう授業をしたい」と思うようになってから、教材研究をこれまで以上にするようになり、楽しくなったという。ICT機器に振り回されず、必要な場面を見極めること、教材研究をして学習の目標を見失わないことが大切だということが伝わっていると感じている。

* 第2章 … 各地域、学校の事例から *

2 児童生徒1人1台タブレット端末環境での協働的な取り組み 〜松阪市立三雲中学校の事例〜

三重県松阪市立三雲中学校　教諭
楠本　誠

◆ 3年間の取り組み

(1) 本校の概要

①「500台タブレット端末」
〜それは突然やってきた〜

2011年、冬、学校に生徒用、教師用のタブレット端末500台が届いた。この日から本校は1人1台のタブレット端末環境になった。各学級には電子黒板、制御用ノートパソコン、実物投影機などが整備された。グランドや体育館を含め校内のネットワークも構築された。

本校は、2011年度から3年間、総務省「フューチャースクール推進事業」、文部科学省「学びのイノベーション事業」の指定を受けた。これを機に一気にICT環境が整った。

しかし、本校は、これまでICT機器を活用した授業研究に取り組んでいた学校ではなかった。指定を受けるまでタブレット端末を活用した授業を行っている教員もいなかった。

つまり、ICT機器を活用した実践については素人の教員集団であった。

そのような一公立中学校が、どのような研修を行い、どのような実践につなげてきたのか、3年間を振り返り整理してみたい。

②「ここからスタート」
〜事業を受ける前の学校とは〜

放課後、グランドからは元気な声が聞こえてくる。部活動を終えると、職員室は明日の授業準備や校務を行っている教員の姿が見られる。どこにでもある公立中学校の一風景だ。

異動した年、本校の過去5年間の本校の研究紀要を見直した。事業指定まで、情報活用、ICT機器活用を柱にテーマを設けて研究を進めていたわけでない。教員の授業でのタブレット端末活用についても、そもそもタブレット端末に触ったことがない教員がほとんどであっ

児童生徒1人1台タブレット端末環境での協働的な取り組み 〜松阪市立三雲中学校の事例〜　>>

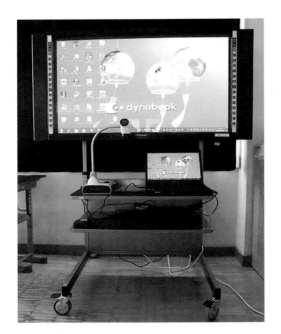

教室4点セット

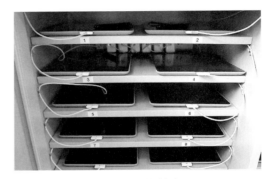

生徒のタブレット端末と保管庫

た。せいぜいスマートフォンを私的に「活用」していたぐらいである。ICT機器、環境はどうだったか。各教室に1台のノートPC、電子黒板3台、プロジェクター3台は整備されていた。しかし、活用は進んでいなかった。

③「全ての教室に」
〜一気に進んだICT環境の整備〜

本事業によって、ICT機器、環境は整った。生徒には1人1台のタブレット端末が貸与された。各教室にはタブレット端末を充電、保管する保管庫、電子黒板、制御用ノートパソコン、実物投影機などが整備された。グランドや体育館を含め校内のネットワークも構築され、校内のどこからでもネットにつながる環境となった。教員にも1人1台のタブレット端末が貸与された。

本校にはタブレット端末の活用の5原則がある。これは生徒会を交えて作成した。この原則も4年が経ち、現状にあった新しい原則に変更する予定である。

4年目になり、1年生は入学式が終わると「貸与式」を行う。使い方の説明も合わせて3年間活用するタブレット端末が貸与される。3年生は卒業式の前に「返還式」を行う。3年間活用してきたタブレット端末の掃除と中のデータ整理を行い学校に返還する。

本校では生徒は入学してから3年間、自分専用のタブレット端末を持ち続け卒業していく。それゆえ、生徒はタブレット端末に愛着を持っている。

④「10の不安」
〜スタート時、職員は誰もが不安だった〜

実証2年目、私は本校に異動した。異動した年の春休み、校長からプリントを手渡された。それは、本事業とICT機器活用に関する教員のアンケート結果だった。そこにはたくさんの不安が書かれていた。それらを「10の不安」としてまとめた。どれも納得できた。中学校現場を表していた。

1 ICT機器はなくても授業はできるので……
2 ICT機器を使いたいけどありません！
3 毎日、忙しいので研修を受ける時間がない
4 ICT機器の使用は効果があるの？
5 情報モラルに関わるトラブルが心配です……

⑥故障や破損したときはどうするの？
⑦視力低下などに影響はないの？
⑧書く力などが低下しないの？
⑨授業中困ったらどうしたらいい？
⑩windowsで作った教材、使えますか？

これらを、キーワードでまとめてみた。
① ICT機器未体験
② ICT機器未整備
③ 多忙感
④ 活用のイメージ不足
⑤ 情報モラル
⑥ 機器トラブル
⑦ 健康への影響
⑧ 学力への効果
⑨ ICT支援員
⑩ 具体的な活用法

　これが、実証、検証を開始したときの本校教員の思いであり不安であった。おそらく、どこの公立中学校でも同様なことが挙げられるであろう。それゆえ、これらの不安が解消されなければ、現場での広がりはない。
　メモを手渡した校長は続けた。
「これらの不安を一つ一つ解消していく校内研修を進めてほしい」
　そこで、研修部は、これらの不安を解消することを目標に研修を企画し、取り組みを進めることとした。

⑤「０からの挑戦」
　～公立学校としての使命感～
　多忙感、不安感……これらの不安をなくすためにはどうすればいいのだろう。最初は何もわからなかった。何がわからないかもわからなかった。
　そこでテーマを「公立学校０からの挑戦」とし、取り組みをスタートさせた。まず、「生徒のタブレット端末活用」の前に、「生徒たちに、どんなルールでタブレット端末を手渡したか」「タブレット端末の保管はどうしたか」こんなことから始めていこう、何もわからないから、何をしたかを残していこう、と研修部で話し合った。
　それに加え、公立学校は毎年４月、少なからず教員が異動する。一年間、研修を積み上げても４月になると一度リセットされる。それをどのようにつなげていくか、これも大きなポイントとなる。今後、本校から異動した教員が、市内の学校に異動し、学んだことを伝えていくことができれば、市内への広がりにつながる。反面、パイロット校として本校も継続した取り組みをいかに続けられるかもポイントとなる。
　これらに向き合うことが本校の使命感だ。

(2) 組織力を高める

①「苦手だから、できることがある」
　～管理職のリーダーシップ～
　フューチャースクール事業がスタートした時の校長（前校長）がいつも口にしていた言葉がある。
「僕はICT機器が苦手。だからこそ、僕のような校長がいる学校でも成功しなければ、この事業は広がらない」
　この言葉は職場に浸透した。それを受けて、公開授業は全クラス公開とした。一部の教員だけで進めるのでなく、全教員ができるところからチャレンジしていくことを目指した。ICT機器を授業で活用することについては教員の得意、不得意がある。また、経験値の差も大きい。それゆえに、全教員がチャレンジすることに意味がある。それ以降、続いている公開授業も全学級を公開している。教員全員でつくりあげていくために、である。

児童生徒1人1台タブレット端末環境での協働的な取り組み 〜松阪市立三雲中学校の事例〜　>>

前校長が異動し現校長が着任した。新校長は最初の職員会議でタブレット端末を使い、プレゼンをした。前日、支援員と一緒に一生懸命作り込んでいたプレゼンである。

会議は、「僕はICT機器が苦手です」から始まった。そのプレゼンには「ベクトルを揃えて、全員で取り組もう」と書かれていた。

公立学校では管理職も異動がある。事業指定が終わったから、管理職が変わったからといって、これまでの取り組みが止まってしまうのはとても残念な話である。幸いにして本校は本事業が終わった後も、新校長のもと実証、検証を継続している。

組織力を高めるには管理職のリーダーシップが必要不可欠である。

②管理職のしかけ
　〜必然性を取り入れる〜

校長提案の取り組みを紹介する。「今日の一言」である。これは、毎朝、校長室から各教室の電子黒板に「今日の一言」を送信する。送信されるのは四字熟語、格言、ことわざなどである。

ある朝の会議で校長は言った。
「毎朝、各教室の電子黒板に今日の一言を送信するので提示してください。しかし、朝の会で、話題がある場合はその話題で進めて、なければこの一言を話題にしてみてください。活用は先生方にお任せします」

これだけである。

この取り組みにより、毎朝、各教室で生徒は時節に応じた四字熟語、ことわざなどを目にすることとなった。そのことで生徒の語彙力も増えたと感じている。

加えて、あと二つの効果があった。

一つは教員の操作スキルの習得である。教員が電子黒板に提示するためには、①パソコンを立ち上げる。②パスワードを入力する。③電子黒板を立ち上げる。この三つの操作が必要である。毎日「朝の一言」を電子黒板に提示するために、教員は自然に機器を操作する。1か月もすれば、誰もがスムーズに、基本的な機器操作を行えるようになっていた。

二つは、授業準備の軽減である。朝の会で機器を起動させることで、1時間目の授業者は、そのままICT機器を活用できる。授業での活用がスムーズになった。このように日常に教員が機器を扱う場面が入ったことは大きな成果であった。

③「必然性」と「日常化」
　〜全教員の活用を目指して〜

「必然性」「日常化」、全教員の活用を高めていくためのキーワードである。中学校は教科の専門性が高い。研修会で教科でのICT機器の活用を前面に出すと、教科の壁が邪魔をする。たとえば、理科の教員は国語の授業について話しにくい文化があった。そこで、研修部の提案は全員が関われることを踏まえて計画していくこととした。

まず行ったのは「朝の会議のペーパーレス化」である。これは校内のLAN内に職員専用ポータルを設置し、連絡事項は教員用PCとタブレット端末の双方から入力と確認を行うものである。教員はタブレット端末を手にしながら連絡事項の確認ができる。また、起動までの時間が短いため、瞬時に情報を共有できる。これによって教員が意識せずに日常的にタブレット端末に触れる機会をつくることができた。

また、タブレット端末を持ち運びできるため、担任は教室にタブレット端末を持って行く。教室でその画面を見て生徒に連絡事項を伝える。これにより、校務は効率化された。

「触れる場の設定」だけではダメである。「効果の実感」が必要だ。教員が効果、効率を実

各教室の電子黒板に送信された「今日の一言」

ベテランと若手の協働的な研修

感すれば活用は広がる。

その他の具体的な取り組みも紹介する。
・管理職によるICT機器を利用した公開授業
・タブレット端末によるICT指導員との連絡
・職員用メールアドレスの利用
・全教科、全教員の授業公開
・学校行事でのICT機器活用

これらの取り組みを取り入れることによって、教員はICT機器の日常化を意識するようになった。

(3) 三つの研修会

①研修を企画する
～三つの研修会の役割～

実証1年目、年度途中にICT環境が整った。では、機器が入れば実践につながったのか。もちろんそれだけではダメである。研修が必要となる。

前研究主任の話によれば、1年目の研修は、右往左往していたとのことである。それには理由がある。おそらく一般的なICT機器の導入では、教員研修を経て、導入となる。しかし、本校の場合、教員の準備期間がほとんどなく、すぐにICT機器が導入された。導入が決定している場合、時間と都合が許せば、生徒に渡す前に教員は自由に使えるタブレット端末を持ち、使える時間を確保したい。そこで、実証2年目、下記の三つの研修を取り入れた。

【三つの研修会】
● 全体研修会
● 有志研修会
● 雑談研修会

では、ICT機器を整備し、教員研修を確保すれば、実践につながり広がるのか。これでも、まだダメである。次は研修内容を充実させることが必要であった。

先の「10の不安」であったように現場には多忙感がある。平日は勤務時間まで部活動を行っている。時間をかけた研修の時間をとることがそもそも難しい。そこで、研修部では内容を検討し先の三つの研修会に反映させた。

以下に詳しく見ていこう。

②全体研修会…共通理解をはかる研修会

これは月1回、全教員が参加する研修会である。本校が取り組む協働学習、指導案検討会など全教員で共通理解すべき内容を扱った。ここにICT機器に関する研修を入れた。

児童生徒1人1台タブレット端末環境での協働的な取り組み　～松阪市立三雲中学校の事例～　>>

● 共通理解を支援するICT機器

　本校は協働学習を取り入れた授業デザインを進めている。協働学習を成立させるためにはどうすればいいかなどの研修を行ってきた。そこに、協働学習を支援するためのツールとしてICT機器を取り入れた。どの場面で、どのようにICT機器を活用すると効果的であるか研修を行ってきた。また、研修の中で課題について各教員が考え、その考えの共有を図りたい場面がある。そこに、ICT機器を活用して瞬時に共有することとした。

　全体研修でのポイントは「ICT機器の使い方」がメインではないことだ。このようにICT機器の活用を取り入れることで、①全教員がいつの間にか機器に触れる、活用する。②全教員が機器の具体的な授業での活用場面がイメージできる。

● 協働的な活動を取り入れた研修

　とくに全体研修では、協働的な学びを大切にしたい。そんな思いがあった。教員のICT活用の経験差は大きい。これまでの経験が大きく左右する。しかし、ICT機器がなくてもすばらしい授業をされる方もたくさんいる。それゆえ、ICTを活用した授業づくり研修は、授業力のある先生方こそ参加できる場が必要である。このように経験や教科を越えて教員が学び合う研修形態を取り入れるようにしてきた。

③ 有志研修会 … 支援員による有志研修会

　有志研修会は少人数の集まりで行う研修会である。「いつでもできる」のが少人数研修の良さである。実施時期はおもに年度始めに集中的に行った。新しく異動された教員、操作の不安をもっている教員がおもな対象者となったが、誰でもよい。気軽に行えることがこの研修の利点である。

● 少人数のメリットを活かす

　内容は2種類用意した。一つは学びたい内容のリクエストをとった。もう一つは、研修部が用意した内容とした。時間も30分程度とした。長時間でなく短時間の研修をいくつも用意した。実施日時も工夫した。この日、この時間と限定した日程だけを示すのでなく、同じ内容を1週間続けて1人でも希望があれば何度でも行った。参加したいが都合が合わないために参加できないことを避けたかったからである。

　選べる日程、選べる内容、選べる時間、これらに幅を持たせることで研修は充実する。

　そのためには支援員が必要である。この研修講師はおもにICT支援員が行った。幸いにして本校には常勤の支援員が1人いた。このような恵まれた環境であるからこそ行えた研修ではあるが、支援員の拡充はとくに希望したい。

● 生徒の活動に焦点を当てる

　中学校は教科の専門性が強い。私の経験では、授業づくりに関わる研修では、教科を越えて話をする、意見をすることに遠慮があった。

　そこで、生徒の活動に焦点を当てた。「発表活動」「学習のまとめ活動」などである。具体的な生徒の活動に焦点を当てることで、教科に限らず研修に参加しやすくなった。

④ 雑談研修会 … 職員室で行う授業に関する研修会

　授業を終えて、職員室に戻るといろんな声が聞こえてくる。
「○○を使ったけど、うまくいかなくて」
「今度、生徒が○○をするんだけど、よいアプリはないかな」

　職員室では、授業の最前線の話題があふれている。この話題を共有することが研修その

少人数のメリットを活かした有志研修

職員室で研究を共有する

ものであり、広げたい研修である。
● 雑談を共有する

　写真は社会の授業検討をしている場面である。これまでの授業検討の場面を振り返ると、社会の教員と支援員だけで話を進めていることが多かった。そこで、このような検討が始まったとき、使っているタブレット端末の画面を職員室に設置したテレビに映すようにした。気軽に誰でも画面を見られるので、「今度、理科でも、あのソフトを使ってみよう」と教科を越えて内容を共有することができる。ここにはやらされ感はない。

● 教員用タブレット端末こそ1人1台が必須

　本校の教員も1人1台のタブレット端末を手にしている。これは雑談研修の効果を高める大きな要因である。

　雑談研修とは言っても、他の教員がタブレット端末の話題を取り上げたとき、教員がタブレット端末を持っていなければ、その話題はやはり共有できない。

　全員が持っているからこそ、話題を話題として扱うことができる。

　職員室の会話は、各教員の最前線の授業の話題が飛び交う場所である。この話題を共有できるか、できないかは大きい。

⑤研修の効果

　実証、検証を進めると教員の意識変化も見られるようなった。

　4月、転任してきた教員に、昨年度まで在籍していた教員が、機器の使い方を説明していた。

　6月、教育実習生に、ある教員は「電子黒板を活用することで授業が変わるよ。電子黒板を活用して授業をつくってみない？」とアドバイスをしていた。

　どちらも2年前、ICT機器の活用を苦手に感じていた先生方が、である。とてもうれしいことだ。

　ICT機器の活用をきっかけに、それぞれの教員は改めて授業に向き合うようになった。導入されたICT機器をどのように活用し、授業を構成していくかを考えた。デジタルを使うことで、デジタルのメリットとデメリットを知ることができた、また、改めてアナログの良さにも気づいた。それぞれが授業を見直し、授業改革を行ってきた。

　3年間の取り組みによって、学力調査での伸びが表れ始めた。この結果も教員のモチベーションにつながっている。

(4) ICT支援員の役割

①初年度の支援内容の分析

　ICT機器導入期における「トラブルと対策」と「ICT支援員の役割」について、実践で生じた機器のトラブルや要因を、支援員が対応した内容や回数から系統的に分類、検証した。

● 支援内容の分類

　授業中の支援の割合は、月を追うごとに増加した。また、授業前後の支援は減少した。

● ICT機器活用の推移

　月を追うごとに、ICT機器の使用法は増加し多様化した。

【前半】
・校外学習でのタブレット端末のカメラの利用
・書画カメラに教科書を映す

【後半】
・教師用タブレット端末をIWBにミラーリングして提示する
・協働学習アプリを使い、生徒用端末に出題する。解答を集約した後、IWBに映し学級全体で共有する

　日を追うごとにICT機器の使用回数や使用頻度が高まった。ICT機器の利用は「単一的な利用」から「複合的な利用」に変わってきた。ICT機器を使用するにつれて教員の知識や技術は定着している。そのため、ICT支援員の支援内容は授業前の支援の内容が、初歩的なものから教科ごと・教員ごとのニーズに対応する複雑かつ細分化されたものになってきた。一方で、まだ苦手意識がある教員も少なからずいる。

　導入期においてはICT機器に慣れることを目標と進めてきたが、基本的な支援を行い、使用頻度が高まるにつれて、より専門的な知識・ニーズが求められた。導入期であっても、基本的な支援と平行して、これらのニーズに対応する支援も必要であると考える。

②初年度と3年目の支援内容の分析

● 支援内容の分類

・初年度は具体的な操作方法が多かった。3年目は具体的な学習活動を支援する機器の使い方の相談、アプリの検索相談など授業デザインしたあとで目的を実現する手立てとして何を活用すればいいかの相談が増えた。

● ICT機器活用の推移

　初年度に比べ、活用する機器や機能が決まってきた教員が増えた。「協働学習時は協働学習支援システムを活用する」「授業導入の場面では指導者用デジタル教科書を電子黒板に写してはじめる」などである。機器の使い方より、授業での具体的な使用方法を伝えることが必要となった。そのため授業前の効率的な機器の準備、授業後の機器の機能を活かした活用例など授業デザインとしての研修を行う必要がでてきた。

　しかし、一方で、授業準備の負担感を感じている教員もいる。機器の準備、立ち上げ等の支援は、継続していく必要はある。

◆ 本校の研究テーマ

(1) 協働学習と21世紀型コミュニケーション力

①研究テーマ

　本校の研究テーマは「ICT機器を利活用した協働学習」である。

　また、21世紀にふさわしい学びと学校を創造するためには、ICTの特長を活かし、子どもたち一人ひとりの能力や特性に応じた個別学習、子どもたち同士が教え合い学び合う協働学習など新たな学びを推進することが重要である。

　たとえば、ICT機器を活用によって、思考の可視化が支援される。理科の実験、結果を共有するだけでなく、なぜこのように考えた

のかをわかりやすく伝えることができる。こうして生徒は手に入れた新しく情報を活用して、学び合い、教え合いを進めることができる。また、これまで本校は、「思考力、判断力、表現力の育成」を意識して授業づくりを行ってきた。

現学習指導要領には、国語科では、「話すこと・聞くこと」「書くこと」「読むこと」に記録、要約、説明、論述などの言語活動について、その他教科等では、教科等の特質に応じた言語活動の充実について記されている。また、「言語活動の充実に関する指導事例集【中学校版】」(2011.5 文部科学省)には、思考力・判断力・表現力等を育むためには、①事実を正確に理解し伝達する、②情報を分析・評価し、論述する、③互いの考えを伝え合い、自らの考えや集団の考えを発展させる、など学習活動が例示され、各教科等において行うことが不可欠であるとしている。

これらの言語活動は、協働学習、つまり生徒同士の関わりの中で行われる場面が多い。そのためには生徒のコミュニケーション力がポイントとなる。

そこで、21世紀型コミュニケーション力に注目した。21世紀型コミュニケーション力とは、以下を総称した能力である。
・主体的に情報にアクセスする
・収集した情報から課題解決に必要な情報を取り出す
・自分の考えや意見を付け加える
・メディアを適切に活用して伝え合う

さらに、この力は二つのステップに大別され、それぞれの二つ、計四つの力に分類される。

【ステップ1】協調的レベル　多様性の理解
自分と他の考えの共通点相違点について考えを整理する

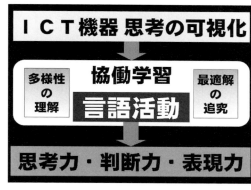

本校の研究イメージ

・対話する力　考えを出し合いお互いの考えを明らかにする
・交流する力　考えを出し合い相手の意見を聞いて相手の考えを理解する

【ステップ2】主張的レベル　最適解の追究
他の考えの相違点を理解した上で、理由や根拠事例などとともに正当性を主張する

・討論する力　相手の考えと自分の考えを比較検討して意見を返すことをくり返す
・説得納得する力　相手に自分の勧化を明確に伝えて意見交換しながら筋道を立てて説き伏せる

中川（第1章 p.8参照）が定義するこれらの二つのレベル（多様性の理解と最適解の追究）を踏まえ、力を育めるように協働学習モデルを作成することとした。

②協働学習モデル
本校の協働学習モデルは以下の通りである。五つのステップで構成している。

ステップ1	課題共有
ステップ2	個人思考
ステップ3	グループ思考
ステップ4	全体共有

児童生徒1人1台タブレット端末環境での協働的な取り組み ～松阪市立三雲中学校の事例～ >>

| ステップ5 | 振り返り

ここに、電子黒板やタブレット端末を活用し授業をデザインする。以下、詳細を見ていこう。

| ステップ1 | 課題共有

まず、課題共有である。これは、授業のゴール（課題）を明確にすることである。たとえば電子黒板で課題を提示する。単なる文字の提示ではなく、適度なアニメーション機能を活用して印象づける。生徒に50分の授業のゴールを印象づけることがねらいである。さらに、電子黒板の課題提示画面を生徒のタブレット端末に送信する。本校の電子黒板は50型と画面が大きくない。中学生ともなると体も大きくなり、後方の席からは画面が見えにくい場合がある。課題を生徒のタブレット端末に送信することで、課題の共有を徹底できる。

また、タブレット端末への送信は、時間短縮に役立つ。課題だけでなく、配布資料や問題なども紙ではなく、デジタルプリントを生徒の端末に送信する。そのことで、配布時間はかからず、すぐに作業が始められる。

- ●これまでの授業では
  - ・おもに板書する
- ●タブレット端末を活用した授業では
  - ・板書すると同時に、電子黒板へ提示できることで、課題共有が徹底できる
  - ・タブレット端末に送信できることで、より一人ひとりに課題共有を徹底できる
- ●効果
  - ・課題共有の徹底ができる
  - ・残す情報、消えていく情報を使い分けることで生徒に与える情報に幅が広がる

| ステップ2 | 個人思考

次に、取り組むのが個人思考である。まず、与えられた課題に対して一人ひとりが向き合う時間である。ここで理解度や認識具合を整理させる。今日の課題はわかるのか、わからないのか、どこまでわかるのか、など一人ひとりが整理する。

また、課題を解くにあたって過去の学習履歴を参考とする。ノートでも可能だが、デジタルでは音や動画で振り返りができる。たとえば、理科の授業である。フェノールフタレイン溶液はアルカリ性で赤色になる。ノートには赤色と言葉でまとめるが、タブレット端末ではその様子を写真に撮り、言葉と共に記録する。このように、前時までの学習履歴を文字情報だけでなく、諸感覚に訴えるような形でとらえることができ学びの想起につなげやすい。

課題に対して生徒はタブレット端末上で解いてみる。このとき、タブレット端末画面で書いたり消したりする作業は鉛筆や消しゴムほど時間がかからない。わずかではあるが、時間短縮となる。この時間はトライ＆エラーの回数を増やすことにつながる。

- ●これまでの授業では
  - ・紙のプリントに筆記用具で記入する
  - ・ノートに書かれた文字や図などから学びを想起する
- ●タブレット端末を活用した授業では
  - ・タブレット端末画面上で色や太さなどを変えられることで試行錯誤できる
  - ・動画、音声などのビジュアルを閲覧、視聴することで学びをより想起できる
- ●効果
  - ・時間短縮による試行回数の増加
  - ・学びを想起しやすい

ステップ3 グループ思考

次に、個人で考えたことを班の意見としてまとめる作業、グループ思考である。この活動は21世紀型コミュニケーション力を育む最適な場面である。ここは協調的レベル（多様性の理解＝対話、交流）、主張的レベル（最適解の追究＝討論、説得・納得）の活動を仕組みやすい。

たとえば会話だけの議論では、苦手な生徒にとっては何が問題なのかが把握できない。この点、タブレット端末を活用することで、話し合いながら画面上で書いたり消したりを行う。そのやりとりをしている場所こそが論点である。さらに、タブレット端末画面上で、それを繰り返すことで自然と論点に視線が集中していく。つまり、論点が明確になると、他者の考えがよくわかる。自分の考え以外にどのような考えがあるのか知ることができる。

そのためには、この活動では個々の考えを出し合えるかがポイントとなる。そこで、ステップ2の個人思考が大切となる。個人思考として課題に向き合う時間がとれれば「僕はわかりませんでした」「ここまでできたけどこの先がわからない」などの考えをこの場で出し合える。

ステップ1 課題共有

ステップ2 個人思考

ステップ3 グループ思考

- ●これまでの授業では
  - ・言葉だけの議論である場合論点がわかりにくくなる
  - ・ホワイトボードや模造紙を活用する場合、準備に時間がかかったり、使用後の活用が制限されたりする
- ●タブレット端末を活用した授業では
  - ・タブレット端末上の図に書いたり消したりすることで、論点を明確することができる
  - ・使用後、タブレット端末の画面を電子黒板に送信できることで、活用がひろがる
- ●効果
  - ・生徒の学び合いの深度が深まる
  - ・生徒のみとりが可能である

児童生徒1人1台タブレット端末環境での協働的な取り組み ～松阪市立三雲中学校の事例～　>>

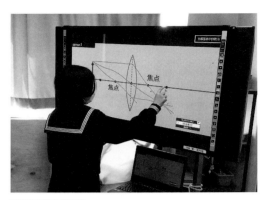

ステップ4　全体共有

- これまでの授業では
  - 班で発表する
  - 班でミニホワイトボード、模造紙に結果や考察を記入し黒板に提示する
- タブレット端末を活用した授業では
  - 各班の結果を電子黒板へ一斉送信することで、全体で考えの共有ができる
  - 比較機能を活用することで、容易に比較検討ができる
- 効果
  - 各班の結果一覧を表示することで、自由に閲覧でき学びの足場がけとなる
  - 見たい結果を選択し、瞬時に拡大表示でき時間短縮につながる
  - 電子黒板で思考過程を再現できることで、結果の共有だけでなく、思考過程を共有できる。
  - 比較による考察が容易に行える

ステップ4　全体共有

次に、班の意見がまとまったら、それを全体共有する。これは、個人からグループへとまとめてきた意見を、学級全体として共有し検討する活動である。この活動も21世紀型コミュニケーション力を育む学習活動の場面となる。ここも協調的レベル、主張的レベルを高める活動となる。

以前は、ミニホワイトボードなどに書いたものを班ごとに黒板に貼っていた。9班なら、9枚のボードが並ぶ。現在は、班の見解をまとめたタブレット端末画面を電子黒板へと送信させて一覧表示できる。生徒は電子黒板の情報から自班と他班の共通点、相違点を知ることができる。この作業も瞬時に完了するので、大幅な時間短縮につながっている。

生徒が前に出て発表するときも、電子黒板に提示された一覧から選択してワンタッチするだけで拡大表示が可能である。生徒が容易に操作できるのもポイントである。画面では問題を解いた過程を同じように再現できる。つまり、結果だけでなく思考過程も共有することが可能だ。ここでも自班と他班の結果だけでなく思考過程についても共通点、相違点を踏まえ検討することができる。

これらはホワイトボードや黒板でもできないことではない。しかし、電子黒板を利用することで時間は節約できる。

また、ICT機器を活用することで各班の考えを比較して表示できる。「比較」活動は21世紀型コミュニケーション力を高めることにつながる。いくつかの考えから二つを選び比較表示する。これから共通点、相違点を見出していくわけである。時間をかけずこの比較ができることは効率的かつ効果的な活用である。

ステップ5　振り返り

振り返りでは、全体共有した成果を生徒一人ひとりが整理する。たとえば、間違っていた場合や異なる解法の場合に、新しい意見を取り入れて自分の考えの再検討や再構成を行う。この過程こそが、学習の成果を定着させるための大切なポイントとなる。

電子黒板とタブレット端末を活用する以前

は、黒板に貼ったミニホワイトボードなどを見ながら、振り返りを行っていた。その情報は全体のものであり、個人のものではない。

それが、電子黒板に表示された同じ一覧画面は、瞬時に生徒たちのタブレット端末に送信される。新たに書き込まれた文字や線なども含めて全体共有の結果を、そのまま戻すことが可能だ。送信された画面を見ながら、生徒一人ひとりが書き込んだり編集したりして授業を振り返り内容の確認ができる。これは、ホワイトボードや模造紙を使った協働学習の後の活用では、実現できなかったことである。

この活動も、21世紀型コミュニケーション力を育む場面になる。コミュニケーションの相手は人でなくてよい。他者の考えに対して一人ひとりが向き合い、自分の考えを再検討再構成できるかである。ここも協調的レベル（多様性の理解＝対話、交流）、主張的レベル（最適解の追究＝討論、説得・納得）を高める活動につながる。

- これまでの授業では
  - 黒板で全体共有したものを生徒が各自でノートにまとめる
- タブレット端末を活用した授業では
  - 電子黒板画面に表示したものをタブレット端末に送信することで、一人ひとりが振り返りを行うことができる
- 効果
  - 瞬時に全体の画面をタブレット端末に送信できることで、時間短縮につながる
  - 一人ひとりが自分の考えと比較し、考えの再検討、再構成につなげることができる

ステップ5 振り返り

◆ 授業を創る

（1）授業実践

①理科での実践

中学校1年生　理科
根、茎、葉の作り

● 授業づくりのポイント

中学1年の理科では根、茎、葉の機能を学びこれらのつくりの違いから植物を分類できるようする。ここでは実際の植物を観察させたい。合わせて写真資料も活用する。教科書には、それらの図や写真が記載されているが、すでに特徴が記述されている。生徒の協働学習で利用するには問題があった。また、図や写真だけ印刷したプリント使用する場合、プリントの作成印刷に時間を費やした。そこで、2種類の植物の根茎、葉の写真を教材化し、生徒のタブレット端末に送信した。この単元は二つの植物のつくりを比較しながら進めることとした。

本時はそのまとめとして、給食を題材とした。これまで食べてきた野菜を改めて、これまでの学びと結びつけて見直すことで、より身のまわりの生活と関連づけることができる。

ICT機器を使用すると教材作成に時間がからず、ボタン一つで全生徒に配布もできる。その二つの資料を比較しながらペアで話し合

児童生徒1人1台タブレット端末環境での協働的な取り組み ～松阪市立三雲中学校の事例～ >>

い、結果をまとめタブレット端末に書き込んだ。結果は電子黒に送信し全体で共有した。

● 単元計画

全12時間

時	学習内容
第1時	根のつくりとはたらきはどのようになっているのだろう
第2～3時	茎のつくりとはたらきはどのようになっているのだろう
第4～5時	葉のつくりはどのようになっているのだろう
第6～10時	植物はどのようにして栄養分をつくるのだろう
第11時	植物も呼吸しているのだろうか
第12時（本時）	給食を植物の観点で分析してみよう

● 授業の展開

協働学習	学習活動	指導上の留意点	評価	21世紀
①課題共有	・課題を確認する			
	課題　昨日の給食の材料を植物の観点で分析してみよう			
②個人思考	・課題について自分の考えをまとめる	・学習履歴を閲覧する	【関心意欲態度】	対話 説得納得
③グループ思考	・資料の写真から野菜を分析する		机間指導 【関心意欲態度】 【技能】	対話 交流 討論 説得納得
	課題　タマネギの食用部分は根茎葉のどこに当たるだろう			
	・班で話し合い考えをまとめる	・タマネギを配布し観察させる ・学んだことを根拠にまとめができるよう助言する		
④全体共有	・結果を電子黒板の送信し発表する ・自班の結果と他班の結果を比べ考察する	・他班の結果と比べ共通点、相違点を明確にするように助言する ・教師の解を聞く	机間指導 【関心意欲態度】 【技能】	対話 説得納得
⑤振り返り	・本時のふりかえりをする ・後片付けをする	・他者の考えを知る事でどのような考えが生まれたかを意識させる	ふりかえり用紙 【関心意欲態度】	対話 説得納得

● 授業の実際
ア　課題共有
・課題をタブレット端末に送信し課題共有する。

イ　個人思考
・給食の写真、素材の野菜の写真を見て気づいたことをタブレット端末に書き込む。そのとき学習履歴を閲覧し自分の考えをしっかり記述した。

ウ　グループ思考
・個人の考えを班で出し合い共有する。これまで生徒は花のつくり、茎、根、葉について学んでいる。とくに茎、根、葉についてはそれぞれ双子葉類と単子葉類を比較しながら進めてきた。本時においても、比較するときの視点を明確にして根拠を出し話を進めさせた。たとえば、モロヘイヤについてである。「葉脈に注目します。これは網状脈です。網状脈は双子葉類なのでモロヘイヤは双子葉類です」。このように、まず比較の視点となる点を明らかにさせた。この活動を入れることで21世紀型コミュニケーション力の対話、交流を支援できた。
その後、1台のタブレット端末に班の考えをまとめ電子黒板に送信した。

エ　全体共有
・電子黒板に送信された考えを発表する。そのとき、各班の考えと他班の考えを比べ共通点、相違点を意識してきくことができるよう助言した。

オ　振り返り
・各班のまとめを個人の端末に送信し、振り返りを行った。自分の考えが学習の中でどのように変容したか（自信が持てるようになった、考えの再検討再構成を行ったなど）を意識させた。

● 生徒の感想
・「みんなが意見を書いたり、つけ足したりしたで頭がすっきり整理できた」
・「話し合っていると、いろいろ答えが出てきておもしろかった」

● 実践を振り返って
　本実践の中で協働学習モデルの中で21世紀型コミュニケーション力を育むポイントは以下の通りである。

<u>タブレット端末を活用した協働学習の課題は多様な解法を有する課題とする</u>
　タブレット端末を活用する場合、多様な考えが出さる課題であるとコミュニケーションは活性化した。課題に対する解が一つであると、タブレット端末には結果を書くのみである。しかし、本実践では違いを見つける課題であったため、話し合いながら、何度も書き直したり、つけ足したりする場面が見られた。これは、課題に対して複数解があることが要因である。さらに、意見や考えをすぐに書いたり消したりすることができるタブレット端末の特性も影響したといえる。リアルタイムに意見がやりとりできること話し合いの活性化につながった。

<u>タブレット端末の学習履歴を活用する</u>
　一人ひとりがより多くの内部情報を持ちなおかつ整理することでグループでのコミュニケーションは活性化した。実験、観察の結果は、写真や動画などの視覚情報としてタブレット端末に残している。本時でこの学習履歴を閲覧したことで、「タマネギが葉な根なのかを考えるとき、いろいろな写真を見て考えた。忘れていたことを思い出すことができた」と生徒は感想を書いていた。このことから、生徒に既習事項を想起させ、内部情報を整理させることができた。

児童生徒1人1台タブレット端末環境での協働的な取り組み ～松阪市立三雲中学校の事例～　>>

個人思考で自分の考えを整理する

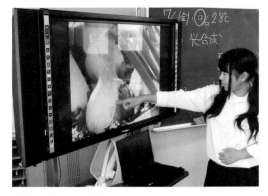

根拠を示して説明する

タブレット端末と電子黒板と連動させる

　各班の実験結果、考察はそれぞれのタブレット端末に記入した。それを電子黒板に送信し提示した。つまり、いつでも生徒は、他班の結果を共有することができた。このことで、生徒は新たな情報を得ることができ、他班との比較、自班の結果の見直しにつながった。

②美術での実践

中学1年生　美術科
クレイアニメを作ろう

●授業づくりのポイント

　クレイアニメとは、①粘土等で作成した人のパーツを少しずつ変化させ、カメラでコマ撮りする、②撮影した写真を連続再生してアニメを作成することである。

　中学校美術科の指導要領には表現を広げるために、ビデオ・コンピュータ等のメディアの積極的活用を図ることが記載されている。そこで、本実践はクレイアニメ作成にICT機器の活用と協働学モデルを取り入れた。協働学習はシナリオの検討（1）、アニメの作成など、あらゆる場面で多用した作品には50枚の写真が必要となるが、撮影、編集を別々の機器を使うと効率が悪くなるため、撮影能を備え、アニメの編集（時間、タイミングなども可能なアプリを使用した。作成活動は、撮影係タイムキーパー、記録係等を用意し、役割分担を確認して行った。

　本時では次のことを目指す。

・アニメーション制作に興味を持ち、主体的に創作活動に取り組む。【関心意欲態度】
・素材（粘土）や撮影機器の特性を理解し、その特性を生かし創意工夫しながら、イメージをアニメーションで表現する。【技能】

　また、チーム内で分業しアニメーション制作を行うことで、独り善がりではなく誰もがすばらしいと感じる作品づくりを目指し、仲間と感動を共有したい。

　ICT活用については、自分の思いや考えを表現するには、手段が必要である。その表現手段は、言語的なものから非言語的なものまで多種多様である。本題材では、タブレット端末を表現ツールの一つとしてとらえ、生徒の表現の幅を広げることにつなげていきたい。

●授業の実際
ア　課題共有

・電子黒板に提示しその後黒板に板書した。電子黒板でインパクトを与え印象づけ、残素情報として黒板に板書した。

● 単元計画

全12時間

時	学習内容
第1時	参考作品の鑑賞をし、クレイアニメの面白さを知る。アプリ（iMotion）の操作方法を学び、体験する。課題把握（テーマ、制作チーム、作品規定について）。
第2時	アプリ（iMotion）体験
第3時	企画書（物語のシナリオ）を作成する（個人）。
第4時	制作チームで企画会議を行い物語シナリオを決定する。
第5時	企画会議とスタジオ作り
第6～10時	クレイアニメ制作（本時第3時）
第11～12時	鑑賞

● 授業の展開

協働学習	学習活動	指導上の留意点	評価	21世紀
①課題共有	・本時学習課題と制作工程の確認をする		制作プリント 机間指導	
	課題 「やさしい気持ち」になるアニメを作ろう！			
②個人思考	・各チームの作品を鑑賞する	・「ナイス○○！」を探すよう助言する	【関心意欲態度】	対話 説得納得
③グループ思考	・本時のチーム目標と役割分担を確認する ・準備・制作 ①絵コンテの見直し（相談） ②材料を動かす ③影 ④試写 ①　④をくり返す	・作品規定、役割も確認させる ・材料の加工、並べ替え、撮影、絵コンテの見直しは、チームで協力して行うよう助言する	机間指導 【関心意欲態度】 【技能】	対話 交流 討論 説得納得
④全体共有	各チームの今日のポイントを聞き作品を鑑賞する	・次時で参考にしたい点を意識して聞けるよう助言する	机間指導 【関心意欲態度】 【技能】	対話 説得納得
⑤振り返り	・本時のふりかえりをする ・後片付けをする	・他者の考えを知る事でどのような考えが生まれたかを意識させる	ふりかえり用紙 【関心意欲態度】	対話 説得納得

イ　個人思考
・前時の振り返りを行い、今日、行うことを確認した。今回は時間をかけず、グループ思考に入った。

ウ　グループ思考
・グループで前時の振り返りを行った。班の4人は1人が班に残り、残り3人は他班に移動した。班に残った生徒は他班から来た生徒に、前時まで作成した作品を上映し説明した。他班の作品を閲覧した生徒は自班に戻り、他班のよい点を報告し、本時の役割分担と班の目標を設定した。
・撮影係、タイムキーパー、記録係等を用意し、役割分担をはっきりさせ、協働学習を進めた。役割が明確化することで責任感を高めることができた。
・粘土で作成した作品を撮影した。1作品50枚の写真が必要である。撮影した写真は編集アプリを使用した。アニメの動かし方(時間、タイミングなど)もグループで試行錯誤し作品を完成させていった。

エ　全体共有
・プレゼン用資料(前時まで作成した作品)の提示ツールとして使用した。容易に持ち運びができるので、ポイントを指さししながら他班のメンバーに説明できた。

オ　振り返り
・個人で行った。他者の考えを知ることでどのような考えが生まれたかを意識させた。

●生徒の感想
・「みんなでつくるのがいい(アイデアが浮かぶ)」
・「役割が毎回違っていろいろな仕事が経験できた」
・「授業の最初に今日することをみんなで確認できるのがよい」
・「先生が見せてくれる本日のグッドジョブ！が次の参考になった」
・「操作がわからないことがあったけど、みんなに教えてもらった」
・「わからないところを班のみんなで教えあった」
・「作品を見合うことができるからいい」

●実践を振り返って
ICT機器を作品作成のための道具として活用する
　本実践では作品を作成するための道具としてICT機器を利用した。ICT機器がなければ、時間内に行うことは難しい。また、一つのアプリで撮影、編集が行えるため時間短縮につながる。この生まれた時間を作品作成の時間に費やせた。

協働学習における役割分担にICT機器の活用を位置づける
　本実践では全5時間をかけてクレイアニメを作成した。作成が始まると毎時間、授業の導入では役割分担を行った。前時まで作成した作品を他班紹介する。

　これは班の1人が班に残り、残り3人他班に移動し他班の作品の紹介を受ける。説明する係はタブレット端末を使用する。タブレット端末は手軽に持ち運びができるので、言葉だけの説明ではなく、ポイントを指さしながら説明できる。このように、タブレット端末を活用した活動と役割を取り入れることで協働学習は活性化した。

③総合的な学習での実践

中学2年生　総合的な学習
　(職場体験学習における実践)
　職場体験学習をデジタル本にまとめよう

●授業づくりのポイント
　これまで、校外学習を終えると、生徒は手

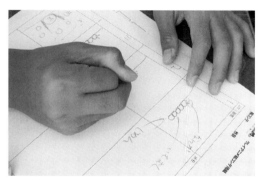
プリントの活用

作業は役割を決めて行う

書きで作成した個人新聞を学級で発表する活動を行ってきた。しかし、個人新聞は、教室に掲示し続けると色褪せてしまい、そのままの形で保存することはきなかった。また、作品をコピーして残した場合も保管場所がないなどの問題があった。さらに、次年度、同様の校外学習を行う下学年の生徒に、個人新聞を紹介して事前学習を行うといった、学年を越えた活用も、準備の手間や時間の面から難しかったそこで、校外学習の学びをデジタル書籍にまとめ作品の活用を図った。デジタル書籍には生徒が動画を編集し取り込んだ。動画にはテロップを入れナレーションを録音し、動画を調整し編集した。この編集活動に協働学習モデルを取り入れた。作品は全体で共有し活用した。

本時では次のことを目指す。
・職場体験学習のまとめをデジタル書籍で制作すること興味を持ち、主体的に創作活動に取り組む。
・他の考えや意見を出し合って写真を選び、構成して見た人に伝わる動画作成ができる。

校外学習での一人ひとりの体験や経験はそれぞれ異なる。それぞれの思いを出し合い、その中から何を選びまとめていくかがポイントである。その際、グループでの学び合いだけでなく、全体でも品を評価しあうことで他者評価を取り入れる機会を増やしていく。

また、ICT活用については、デジタル書籍としてまとめることで動画や静止画を容易に取り込むことができる。これまでの紙新聞に加え、どのような視点で編集作成することが相手によく伝わるのか考えることで生徒の表現の幅を広げることにつなげていきたい。

● 単元計画（下図）
全7時間

時	学習内容
第1時	職場体験の写真撮影（個人・教師）
第2時　第3時	個人新聞の作成（個人）
第4時	ムービーの作成（グループ）
第5時	ムービーの中間発表（全体）
第6時	素材の取り込み書籍完成
第7時	書籍の共有・評価と活用（全体）

児童生徒1人1台タブレット端末環境での協働的な取り組み ～松阪市立三雲中学校の事例～ >>

● 授業の展開

協働学習	学習活動	指導上の留意点	評価	21世紀
①課題共有	・本時課題を共有する			
	課題 「人に伝えるデジタル書籍」を作ろう ムービーをつくる			
②個人思考	・職場体験を経て一番伝えたいことを考え、整理する	・人に伝わるムービーを作るために何を柱としたいか、自分の経験体験から考えさせる		
③グループ思考	・絵コンテを決定する	・それぞれの体験や経験から思いを出し合い、ムービーの柱を決める ・それにあった写真を選ぶ	机間指導	対話 交流 討論 説得納得
	・ナレーションを考える ・ナレーションを撮る ・写真を並び替え動画にする ・動画にナレーションを入れムービーを完成させる	・写真の並びを見て全体構成を行う ・分業制で行う。役割分担は機械的に決めるのではなく、全員が納得して決められるよう助言する ・分業して完成したコンテンツを一つに合わせる		
④全体共有	・今日のポイントを紹介し合う	・ムービーはデジタル書籍の一つのコンテンツである。他の発表を聞き、わかりやすく見せるための工夫点を学び合うように助言する	机間指導	対話 説得納得
⑤振り返り	・本時のふりかえりをする	・次時は中間発表会であることを踏まえ、どのようにしてムービー作成をおこなったか、各自まとめさせる	ふりかえり用紙	対話 説得納得

● 授業の実際
ア　課題共有
　本時の課題共有をはかった。加えて次時はムービーを見合い評価し合うことも伝えた。そのことで、本時の課題に対する動機をさらに高めることにつながった。

イ　個人思考
　校外学習での経験や体験は一人ひとり異なりそれぞれにドラマがある。その中で自分が一番伝えたいことは何か、一人ひとりがまとめ整理した。

ウ　グループ思考
　活動は職場体験の同じ事業所ごとに行った。それぞれの思いを出し合い、どんなムービーにしていくかを話し合った。
　ムービーの骨子が決定したら、それにあった写真を選んだ。また、写真を並び替えて全体構成を行った。それを見ながらナレーションも考えた。このときも、グループ全員の考えが出し合えるように助言していった。
　その後「ナレーションを録音するグループ」と「写真を並び替えて動画を作成するグループ」に分担し分業制で行った。役割分担は機械的に決めるのではなく、全員が納得して決められるよう助言した。その後、完成したコンテンツは一つに合わせた。

エ　全体共有
　本時の活動の工夫した点を紹介しあった。ムービーはデジタル書籍の一つのコンテンツである。次時以降、その他のコンテンツを含めてデジタル書籍を完成させる。他の発表を聞き、わかりやすく見せるための工夫点を参考にして作成につなげられるように助言した。

オ　振り返り
　次時は中間発表会であることを踏まえ、どのようにしてムービー作成を行ったか各自にまとめさせた。また、本時の学習活動の中で誰のどのような発言が自分の学びに影響したかを考えさせることで振り返りを促進させることができた。

● 生徒の感想
・「班で動画を編集したので、いい作品ができた」
・「他の事業所の工夫がよくわかった」

● 実践を振り返って
<u>ICT機器を活用することで、多様な協働学習の形態をとることができる</u>
　本実践ではICT機器を活用したことで、協働習の形態が、グループや学級全体に変化した。動編集は各班に行い、作成した動画は学級で共有した。また、文化祭で作品を展示するなど異学年や保護への紹介にも活用できた。このように多様な学習態を支援できたのはタブレット端末や電子黒板などの器の特性であると考える。教員が生徒のデジタル籍の素材管理や、素材の回収や配布、共有などを易に行えたことで、授業が時間短縮され、余裕が生まれたことも要因として考える。

<u>コミュニケーションの道具として使用する</u>
　デジタル書籍の制作の中で表現の幅をICT機器によって広げることができた。また制作過程の中で積極的なコミュニケーションにつながった。本実践では作成した作品文化祭で展示し、タブレット端末を用いて保護者や他年の生徒に紹介も行った。

各グループの発表会

他者評価を取り入れる

* 第2章 … 各地域、学校の事例から *

③ コミュニケーション力のすそ野を広げるエキスパート教員の活動 ～鳥取県岩美町の事例～

鳥取県岩美町立岩美中学校　教諭
岩﨑 有朋

◆ 小中連携の背景

（1）ステップアップ事業

　本項では小中連携によるコミュニケーション力向上について述べるが、まずは、その背景にある事業について説明する。

　鳥取県では平成21年度から公立学校エキスパート教員認定制度を導入している。この認定制度の目的は、高い専門性と指導力を有し、優れた教育実践を行っている教員をエキスパート教員に認定し、その教育指導技術等を広く普及することで全体の教育指導の改善を図り、もって鳥取県教育の充実を図ることである。またこのエキスパート教員の認定期間は3年とし、更新することができるとされている。平成26年度4月現在、本県では小学校30名、中学校21名、高等学校32名、特別支援学校11名、合計94名（継続認定者を含む）がエキスパート教員として認定され、各地域、各校種での積極的な授業公開、各種研修会等での実践発表および研修講師など、精力的に活動している。

　また、本県ではこのエキスパート教員認定制度を発展させた形で、「エキスパート教員ステップアップ事業」という新たな取り組みを2年間の期間限定で実施している。

　この事業の概要は次の通りである。

　子どもの育ちに関して校種を越えて共有し、小中学校を滑らかに接続させる観点から、教科指導等に卓越した力を有するエキスパート教員を中学校区に配置し、本務校及び近隣の兼務校におけるティームティーチングによる授業を実施する。また、同一市町村内の他の学校等からの依頼に応じて指導助言を行うなどして、その資質能力を複数の学校に活用し、教職員の指導力向上を図り、広く学校の教育力を高める。

　このような概要のもと、県内五つの中学校区で始まった事業だが、本事例はその一つである。

　鳥取県の東部にある岩美町立岩美中学校の校区には三つの小学校（岩美南小、岩美北小、岩美西小）がある。その小学校のとくに6年生を中心に理科のエキスパート教員が関わり、小学校の学級担任とティームティーチングを行った。

　このステップアップ事業は、各地教委及び各校の実状に合わせて行うのだが、本校区では当初より小学6年生を最優先として行うことと、単元単位で行うことを決めていた。どの小中学校でも中学校への接続は意識してさまざまな取り組みを行っていることだろうが、本校区でもさまざまな取り組みに合わせ、この事業でさらなる滑らかな接続を期待するために、6年生優先という形をとった。また、火曜日の3、4時間目に訪問といった定期的な関わりではなく、ある一つの単元が展開されている間は、その全

ての授業に関わる形を選択した。

また、岩美町教育委員会教育長からは「子どもたちにタブレット端末を活用した授業の経験をさせてやってくれ」と具体的な活動方針を示され、それを意識して実践を行った。

(2) 町内の環境等

町内のICT環境は下記の通りである。
【中学校】
・校内無線LAN
・プロジェクター（各教室1台）
・ノートPC（各教室1台＋α）
・タブレット端末（30台）インターネット接続可
【小学校】
・校内無線LAN
・プロジェクター（各教室1台）
・ノートPC（各教室1台）
・実物投影機（複数台）

中学校の教室はプロジェクター投影使用のホワイトボードだが、小学校は黒板なので、マグネット式のスクリーンが数本配備されている。このように教育に対する予算は手厚く、子どもたちの学ぶ環境については一過性のものではなく、継続してていねいに整備していただいている。

(3) コミュニケーション力育成に向けて

次に、ステップアップ事業で行った授業について二つの事例を挙げる。どちらも小学6年生の事例だが、21世紀型コミュニケーション能力表では説得・納得のコミュニケーション力は主張レベルの能力の中でも、一番難易度が高く、小学6年生がその力を目指すことは、中学校での学習を見据えたものになると考えた。

目指す説得・納得の学習を展開するうえで、自分自身が大切にしていることは、学習者同士の言葉を紡ぐということである。究極の理想ではあるが、しびれを切らして教師が説明してしまったり、児童生徒が話すことをこちらが話したりすれば、たちまち自分たちで何とか答えを導き出そうという雰囲気は壊れてしまう。

在籍する中学校では、そのスタンスで常に授業をやっているので、生徒もそれはわかってやっている。しかし、今回のように兼務校で飛び込みの授業をする場合、いかに早いタイミングで自分たちの声が授業をつくるのだということを教えていくのか。それは自分自身の課題でもあり、実践を通してそのコツのようなものが明らかになってきた。

このあとに挙げる二つの事例をとおして、「説得・納得」の授業づくりについて触れていく。

(4) タブレット端末を用いた学び合いの授業事例

小学校6年　理科
生物どうしのつながり

①授業づくりのポイント

「説得・納得」の授業をするうえで、学級の人間関係が良好なことは絶対条件である。この事例で挙げる学級は、発表が活発な児童がたくさんおり、男女の関係も比較的良好であった。そこで、自分の考えを伝え合う機会を積極的に組み込むことでさらに関わりが深まりそうだというのが初見の感想であった。

また、タブレット端末を班に1台ずつ渡して基本的な操作の説明をしたのだが、学級に学習規律がしっかりと身についているので、スムーズにタブレット端末の基本操作を習得できた（ここでいう学習規律は、指示を聞くときは、

コミュニケーション力のすそ野を広げるエキスパート教員の活動 〜鳥取県岩美町の事例〜 >>

書く、話すなどの活動を止めて聞く姿勢になれることであったり、交代しながら使いなさいという指示に互いに声をかけ合いながら機材の受け渡しをしたりするなどの姿のことである）。

この単元の前に学習した「ヒトや動物の体のつくりとはたらき」において、児童ははじめてタブレット端末を活用した学習を行った。

NHKのデジタルコンテンツを視聴したり、そのミニクリップが流れるタブレット端末を使いながら、互いに説明をしたりなど、説明をする、説明を聞くという場面を何度か組み込んだ。タブレット端末へ順応させることと、考えの根拠を示して話し合いをするという経験を積ませるためである。

②単元計画

時	学習活動	評価基準・評価方法
1	○日常の食べ物のもとを給食を参考に考える。	【関心・意欲・態度】自分が食べている食べ物について経験を元に話し合う。
2	○食べ物のもとは植物であることを調べる。	【知識・理解】食べ物をたどるとすべて植物に行きつくことを理解している。
3	○生物は食べる・食べられる関係があることを調べる。	【思考・表現】食べる・食べられる関係が網の目のようにつながっていることを自分の言葉で表現している。
4 (本時)	○生物は空気を通してつながっていることを調べる。	【思考・表現】動物・植物それぞれの気体の出入りのしくみを自分なりの方法で表現している。

③授業の展開

学習活動	指導上の留意点
1. 前時の学習を振り返る。	・食物連鎖のつながりから、生物が食べる・食べられる関係でつながっていることを確認する。
2. 本時の内容を知る。	・自然界の生き物は植物と動物にわけられることを確認する。
生物は空気を通してどのようにつながっているのだろうか。	
3. 植物、動物の二酸化炭素、酸素の出入りについて考え、ワークシートに記入する。	・植物の光合成、呼吸については前に学習したことを思い出させ、教科書を使って確認させる。 ・ヒトの呼吸については、前の単元の学習内容なので、実験を通して学んだことを思い出させる。 ・わかりやすいまとめ方をしている児童の例を取り上げ、その児童に説明をさせながら気体の出入りをまとめる。
4. ワークシートの図に二酸化炭素、酸素の矢印を書き込み、気体の循環のようすを表現する。	・作図後に、まわりの生徒になぜこのような気体の矢印を引いたのか、相互に説明をさせる。 ・他者の説明を聞いて納得できた場合は、自分の作図に修正を加え、正しく理解できるようにさせる。
5. 本時の学習でわかったことを文章で表す。	・相互に考えを伝え合い、学び合った後に自分はどのようなことがわかったのかを文章で表現させる。 ・何名かに発表させ、理解の状況を把握する。

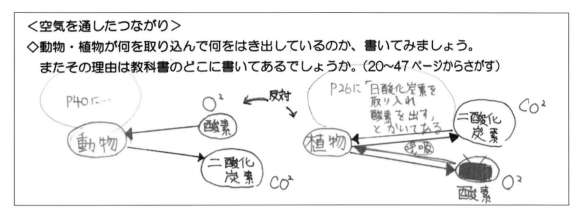

図表1：気体の出入りを矢印で表す一般例

④授業の実際
ア　まとめ方の工夫の共有

　左記の学習内容の3では、植物、動物の気体の出入りについて、児童が個々に気体の出入りを作図した。ほとんどの児童が教科書を参考に、それぞれの気体の出入りについての把握はできていた（図表1）。

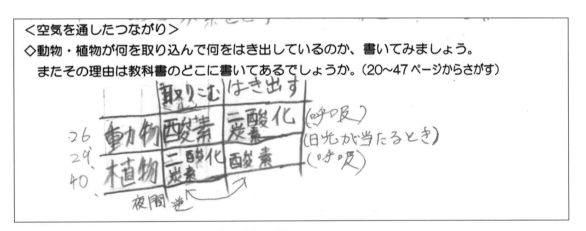

図表2：気体の出入りをマトリックス表で表した例

　一方、この単元の前から休憩時間に思考ツール活用につながるデジタルコンテンツを使い、何度かトレーニングしていたので、そこからヒントを得た児童がマトリックス表を用いてまとめていた（図表2）。児童から話を聞くと、休憩時間にやったコンテンツでやったことがイメージとしてつながったからマトリックス表でまとめてみたらできたということであった（上図）。

　そこで、その児童のまとめ方を使い、板書をした。また、その考えの根拠となるのは教科書のどこにあるのかも含めて児童に発表させた。また、他の児童は授業者とマトリクス表を使った児童のやり取りを聞いていて、コンテンツのマトリックス表のことを思い出し、自分のまとめを作り直した児童もいた（次頁図表3）。

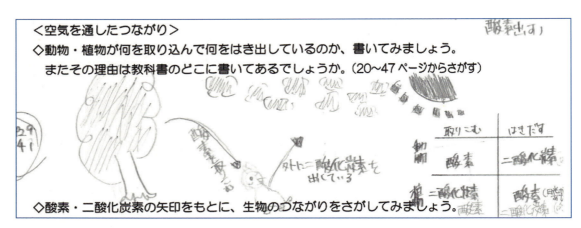

図表3：矢印からマトリックス表への転換の例

イ　自分の考えを伝える

　学習内容の4では同じイラストの中に自分なりの解釈で気体の循環の矢印を書き込んでいる。大切なことは自分だけの独り善がりな理解ではなく、自分がわかったつもりで書いたことが、人に伝わるかどうかである。人に伝われば、そのことにより自分自身も理解が深まり、当然聞き手も理解できる。何となく線を引いたことも、相手に説明をしなければならない状況になると、それなりに根拠をもとに作図の意図を説明する。そこでこそ、自分自身が人に説明する姿を通して、学び直すときであり、説得・納得するのは自分自身でもある。

　児童によっては、説明のやり取りをした後、自分の考えが変わったので、引いた矢印に斜線を引いて打ち消しを表し、正しい理解につなげようと工夫する姿もあった（図表4）。

　これらも、根拠を踏まえて説明し合うことで間違いに気づき、納得した上で正しく作図し直して理解をしている姿と言える。

図表4：話し合い後の考えの修正

また、30名もいれば、理解や作図に差が現れるのだが、途中までででもわかる範囲で描かせ、それをもとに隣や前後の人に自分の考えを説明させた。途中までの作図でも、そこまでの理解に関して自分はできていると本人が感じることは、学習意欲の維持のためにもとても大切なことだと考える。

小学校6年 理科
月と太陽

①授業づくりのポイント

三つの兼務校の6年担任からいずれも要望があったのが、この「月と太陽」である。体験的な学習が組みにくいこと、空間的な認知の難しさなど、ぜひとも中学校理科の専門性を活かした授業をお願いしたいとリクエストがあった。

この単元こそ、コンテンツなどでわかりやすい授業ができるが、一方でわかったつもりになってしまうので、いかに児童が学んだことを話し言葉や文字として出力させるかといった学習活動の組み込みがポイントとなる。

また、ここでは月の位置や形と太陽の位置の関係を推論する能力を育てる単元のねらいがある。しかし、先に挙げたとおり、空間的な認知の難しさがこの学習の壁となっている。そこで、タブレット端末のカメラ機能を使って、月のモデルの撮影、検討、言葉での説明を繰り返し、実感を伴った理解に結びつけることを考えた。

それとともに、班に1台のタブレット端末に限定することで、関わり合う状態にして協働的に学び合う体験を単元を通して仕掛けることを心がけた。

②単元計画

時	学習活動	評価基準・評価方法
1	○月の見え方を予想してそれぞれの角度で作図する。	【関心・意欲・態度】日常の経験を元に、月の見え方について予想する。
2	○月のモデルを使い、予想と比較して確かめる。	【技能】月のモデルの位置関係を理解して実験を行っている。
3（本時）	○地球、月、太陽の位置関係を考えながら満ち欠けの変化を確かめる。	【思考・表現】モデル実験や観察をもとに、月の形の見え方が変化するわけを推論し、説明している。
4	○半月の時の月と太陽の位置関係をモデルを使い確かめる。	【思考・表現】月と太陽の位置関係を具体的に示しながら、自分の考えを説明している。
5	○月と太陽のようすについてコンテンツを視聴して理解を深める。	【知識・理解】月と太陽に関する資料をもとに、それぞれの特徴を一覧表にまとめている。
6	○月と太陽の特徴を地球と比較しながらまとめを行う。	【知識・理解】月と太陽、地球の表面のようすの特徴や違いについて、いろいろな情報をもとに、詳しく理解している。

③授業の展開

学習活動	指導上の留意点
1. 前時の学習を振り返る。 2. 本時の内容を知り、月の満ち欠けの予想を書く。	・前時の学習ノートの記述を元に、月の位置ごとの満ち欠けの様子を確認する。 ・月と太陽、地球の位置関係をワークシートをもとに予想する。
新月から次の新月まで、月の形はどのように変わるだろうか	
3. 地球から見た8つの月の位置について、タブレット端末を使って撮影し、連続の変化がわかる資料を作成する。	・モデルを配置する、タブレット端末を操作する、背景を支持するなど、班内で役割分担を交代させながら8つの月の満ち欠けを記録させる。 ・一つの位置ごとに、撮影直後にタブレット端末の結果を班員に見せ、相互に確認させる。 ・納得がいく撮影ができるように、何度も試行錯誤させる。 ・撮影したものに書き込みをさせ、位置関係がわかるようにさせておく。
4. 自分たちのまとめたものを使って、変化の連続を伝えるための発表練習を行う。 5. 代表班の発表を聞く。 6. 予想と今の理解を比較しながら、月の満ち欠けの正しい見え方を確認する。	・必ず全員が一度はタブレット端末を操作し、声に出して説明練習をさせる。 ・時間を見ながら二つか三つの班に発表をさせる。 ・説明の工夫が見られるところは教師が取り上げる。 ・代表班の資料を使いながら、地球、月、太陽の位置関係について、一つずつ押さえる。

④授業の実際

ア タブレット端末を使った資料作り

この場面では、班内における説得・納得の繰り返しをねらっている。タブレット端末には、カメラを使って撮影したものを班員ですぐに確認できる良さがある。班員が一つの画面を頭をつき合わせて覗き込み、お互いに確認するので、パーソナルエリアを越えての関わり合いが自然にできる（写真1）。

ここでの活動の条件は次の通りである。
・一つの位置での撮影ごとに役割を交代する。
　（撮影、モデル操作、背景支持など）。
・撮影したものは必ず班全員で確認する。
・納得できない場合は、再撮影し納得のできる撮影をする（写真2）。

このルールを設定することで、児童は活動開始とともに順番を決め、相互に声をかけ合い、位置を決め、撮影後に全員でチェックを行う。その一連の活動の中に何度も合意形成を行い、互いの関わりを深める活動になる。

また、撮り手が変わると、アングルが変わってくる。ルーズとアップの度合いも変わってくる。そうなると、こだわりが出てきて、八つの方位の写真のイメージを揃えようと、次なる欲求が出てくる。「先生、撮り直していいですか？」の声が聞こえてくるようになるころには、班の作業もスムーズになり、お互い自然に声をかけ、うまく撮れたときは拍手が起こることもあった。

イ 資料発表のための下準備

作成した資料を使って発表を行うのだが、それが最終のゴールのようで、実はこの下準備をしっかりさせることが、理解に結びつくと考えている。

先ほどの班ごとの資料作りでは、作業が中

心のため、児童個々の理解にはまだ差がある状態である。そこで、この資料発表のための下準備で発表練習したり、理解の早い生徒の発表を聞いたりすることで、班全体の理解が高まる。

この方法は次の点で効果的だと考える。
・グループの規模が小さいので、わからないことを聞きやすい。
・理解している児童のうまい表現を知ることができる。
・頭でわかっていてもしゃべるとなると難しいことがわかる。
・タブレット端末の映像を示しながら説明する体験ができる。
・しゃべったことに対して、まわりから即反応を得られやすい。

これらの効果は、小グループでの説得・納得の繰り返しである。1回で話せるようになれなくても、恥ずかしさのハードルが低い小グループでの試行錯誤が、少しずつ自分自身の理解に納得できるようになる。

また、このときの教師のふるまいは、説明がうまい児童を積極的にほめ、「その言い方はわかりやすいなぁ」「これ、あれ、という言い方じゃなくて、具体的な言い方でとてもいいですよ」といった言葉かけを行った。そのことにより、まわりの児童も教師側が求めている説明の姿が自然と伝わった。

ウ　タブレット端末を使った同一視点

月の満ち欠けのように、空間認知を扱った学習の場合、こちらの言葉がうまく児童に伝わらないことがある。「こちらから見たら、右側のふちがくっきりと見えるでしょ？」と言っても、児童にとって、「こちら」とは？「右のふち」とは？と頭の中は？マークだらけになってしまう。そこで、タブレット端末を外部出力ケーブルでプロジェクターにつなぎ、カメラでライブ中継をするように教師の目線で見

写真1：互いに確かめ合う

写真2：役割を交代しながら撮影

写真3：教師の目線の延長

た視界を共有するとよい（写真3）。

そのとき、とくに意識することは、モデルの置き方、カメラ中継の角度など、少し間違えるということである。

「月のモデルはこの置き方でいいかな？」「太陽の向きがこちらだから、月の明るい部分はどう置いたらいいかな？」と児童に問いかけ

ながら、設置していく。

その後タブレット端末を教師の顔の前に持ち、教師の目線に合わせてモデルを見てみる。その時も、「これくらいの角度でいい？」「ピントは合ってる？」など常に児童に問いかけ、学級全体の意識をスクリーンに向けさせ、視線をそろえるように働きかけを行った。

◆ コミュニケーション力育成授業への道その1（新卒講師編）

（1）21世紀型コミュニケーション力と自分の教科とのつながりの理解

先に述べたステップアップ事業を受けた関係で、春先にさっそく例年とは違った課題が発生した。それは、3校の兼務校にも行かなければならないために、本務校での授業の持ち時間数にかなりの制限が出てきたということである。

そのため、校内人事の関係もあり、春に大学を卒業した現場1年目の若い先生と二人で第2学年4クラスを担当することになった。

ステップアップ事業は、兼務校以外にも、本務校でエキスパート教員が他の職員の授業力向上に関わることも含まれている。

そこで、2年生を一緒に担当する若手教師（以後A先生）とエキスパート教員が週の半分程度できるだけティームティーチング可能なように時間割を工夫した。

また、春先にコミュニケーション能力表を元に、説得・納得の最大深度の力を目指していこうと提案した。

説得・納得	
聞く・わかる	話す・伝える
自分の考えが分かってもらえたか相手の発言や表情で確認し、新たな説明の仕方を検討する	筋道立った説明をしようとしているか再考し、相手に伝える
論議について多面的な意見を出し合いながら、共通理解を深める	自分の経験やものの例えを用いて、相手を説き伏せる

説得・納得の最深度レベル

その理由としては、今年度2年生になった生徒たちは、前年度も説得・納得の最大深度の力をつけるためにタブレット端末を使った授業を積み重ねてきた。今年度はその力をさらに鍛えて伸ばしたいという思いがあった。

そのような背景もあり、A先生に能力表を示しながら、これから求めていく授業につい

エキスパート教員	A先生
「春から学校の教員になったんだけど、はじめの頃、授業における教員の役割をA先生はどのように思っていたのですか？」	「前でこれはこういうことですから、どうですか？と聞いて、それで生徒の反応を見るという感じで思っていました」
「なるほど、ということは、こういうことだと言ってから、反応を見るということは、要するに教えるということですかね？」	「そうですね」
「では、4月からはじまって9か月くらい経ったのだけど、今思う教師の役割はどうですか？」	「今目標としているのは、生徒が問題解決に向けて取り組んで、それをバックアップし、支援するだけで、教えるというのではなく、生徒と一緒に学ぶという方向にしたいと考えています」

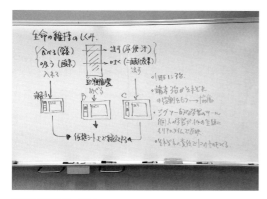

授業構想のメモ

授業の風景

て何度か話をした。2学期の終わりに、A先生についてインタビューしたが、それが左頁下の表のとおりである。

　この会話からもおわかりのとおり、教師は知識の伝達者ではなく、生徒が学ぶ場面での支援者的なふるまいが必要だということをA先生は理解していることがわかる。

　A先生は時間が許す限りエキスパート教員の授業を参観し、ときにはわからない生徒に関わったり、生徒と一緒に問題を解いたりしながら、学習者目線で授業観察を繰り返した。

　また、エキスパート教員も可能な限りA先生の授業の2時間程度先を進むようにして、それを参観したA先生が具体的なイメージを持ちながら自分自身の授業づくりができるように配慮した。

　参観中も、なぜこのような活動を行っているのかという教師側の意図を説明した。また、単元構想のときには、自分の案を聞いてもらって、単元の組み立て方を直接感じてもらえるようにしてきた。

　このようにして、授業の実際を繰り返し参観することと、目の前の生徒の活動にはどのような意図があるのかという解説の繰り返しが、上記のインタビューのように指導観の転換につながったのではないかと考える。

（2）講師の授業での
　　コミュニケーション活動の課題

①課題に対する具体的な方法
　　（コミュニケーションスキル）

　A先生の授業を参観して、コミュニケーションスキルを鍛えるうえで、教師のふるまいに課題があることが明らかになった。

・板書を黙々と書き、生徒がそれを静かに写して書いている（上写真）。
・「話し合ってみてください」と場の設定はするが、丸投げ状態。
・生徒の話し合いが一方的、また班内での反応がないという意思疎通の弱さ。
・生徒の発表をすぐに受け止めてしまう。（「そうですね」で終わる）
・机間指導をしていて、わからない生徒には教え込んでしまう。
・限定された生徒との問答だけで学習が進んでいる。

　ここで、とくに感じたのが、教師と生徒で暗黙のルールがまだ構築されていないということと、それが生徒同士もできていないということである。

　A先生は先にも触れたが、非常に熱心に授業参観し、ノートも取り、教材準備等も余念

がない。ていねいに授業づくりに取り組む姿勢は、こちらもそれに触発されるほどである。

しかし、エキスパート教員の授業を参観しながら、「班で話し合ってください」の指示で動く生徒を見ながら、その背後にある暗黙のルールを十分に理解していないようであった。

ここでいう暗黙のルールとは、
・話し合うときには全員が参加する。
・反論があっても、きつい言い方で言い返さない。
・自分も班員として意見を言うようにする。
・言いにくい人が内容に他の班員は聞こうとする。

エキスパート教員は、そういうルールを「班で話し合ってください」の指示の後、活動の様子を見て、こと細かく呼びかけてきた。ときには、授業を止めて、求める話し合いの姿勢について再確認を行った。また、ある生徒がいい加減な状態で全体への説明を行い、途中で止まってしまい、どうしようもなくなったときは、厳しく指導することもあった。それも、その生徒を叱るのではなく、いい加減な状態でみんなの前にその生徒を立たせてしまった班全体、またそれを許す学級全体に向けてである。そういうことの積み重ねが、学年の後半になると「さぁ、話し合ってください」と言ったときに「じゃあ俺から言うね」「これってわかった？」「えっ？もう1回言って！」という自然な説明や質問の姿につながっている。

一方、A先生は、たとえば説明が不十分でもそれで次に進めてしまうことがあった。また、声が聞こえないほどの小さい声でもそれを良しとして受け止めてしまっていた。そういう不十分なコミュニケーションの態度を、小さいことのようだが認めてきてしまったので、生徒はそれでも授業が進むと思っていた。そこで、A先生にはいくつかアドバイスを行った。
・話し合ってくださいの指示は、考えたことを声にして交わせばいいのか、考えたことを一人ずつが発表し合い、一つの班の考え

を出すのか、それら具体的な活動につながるような言い方に変えてみよう。
・生徒の発表にはオウム返し＋問いで一度返す。

```
【改善前】
生徒「○○だと思います」
教師「そうですね」
    ↓
【改善案】
生徒「○○だと思います」
教師「○○だと思うんだぁ。なるほどね。
  それでいい？ 周りの人はどう？」
```

教師がそうですねとすぐに承認してしまうと、そこから授業は次に進む。しかし、生徒の発表で全ての生徒がわかったとはいえない。必要なら、他の生徒に他の説明の方法はないか呼びかけたり、「○○くんの発表は、要するにこういうことだよね」と地ならし的な補足の説明を入れたりするなど、教師の説明の姿がそのまま生徒の説得・納得のモデルになっていることを意識してもらうように話をした。

その他、授業の様子で気づいたことを教室内のホワイトボードに書いて（下写真）、授業後に話し合いに使う、気づいたことをタブレット端末で撮影してその映像を見ながら振り返るなど、時間をかけて試す・振り返ることで教師がコミュニケーションを活性化するためのポイントを体得するように繰り返した。

授業の気づきのメモ

◆ ベテラン教師による
コミュニケーション力育成
のための授業

（1）コミュニケーション力育成授業の
グランドルールと指導のポイント

　コミュニケーション力を育成する授業というのは、以前から意識はしてきた。しかし、この21世紀型コミュニケーションの能力表のように、発達段階に応じてレベルを分け、しかも聞く側・話す側のそれぞれに求めていく姿が明確なものを指導の指標として使うのはここ数年のことである。

　この能力表に出会ったとき、自分自身が実践で求めていたのはこの表の中にあると思った。とくに、説得・納得の最深度のレベルの姿は、その実現の難しさとともに、それができるようになることで生徒はより主体的に、授業はより学習者中心になると思えるものである。

　幸いにも、中学1年時の担当に引き続き、本年度は2年生になった彼らの理科を担当することができた。継続してコミュニケーション力の育成ができることになるので、改めて自分自身の授業のグランドルールとそれについての指導の在り方を考え直してみた。

　コミュニケーションの方法として、説得・納得を「話す」「聞く」というレベルで求めていた一年時（右上写真）から発展させ、2年時は「書く」「読む」にシフトしていく必要があると考えていた。

　なぜかというと、話し言葉は声にすればよいので、簡単で、道具も必要なく、時間もそれほどかからない。説得・納得の力を高めるためには、説得の失敗や納得できない未消化の感覚、また相手が「なるほど」と納得してくれたときの達成感などを数多くこなさせる必要があると考えた。そこで、まずは「話す」

1年時の学習の様子

「聞く」の二つの力について1年時に徹底的に行った。

　しかし、ここでの課題は、話し言葉は数こなすにはよいが、ノートには成果としてまとまったものが残りにくいということである。ノートには学びを残し、振り返りのときに活用できる状態にする必要がある。自分の考えをできるだけ残し、自分の考えの変化や成長の足跡を、そのノートでわかればよいのだが、「話す」「聞く」の下準備でノートは使っても、それらをまとめたものは口頭で言ってしまうので最終的なものが残らない。

　そこで、今年度の2年生は「話す」「聞く」は当然のこととし、さらに「書く」「読む」ということに少しずつシフトしていくことを、学年を貫く理科の授業の在り方として考えた。

　そのような背景をもとに、授業のグランドルールを書き出してみる。

【グランドルール】
ルール1：教室内のヒト・モノは全て使う
ルール2：誰でも答えられる準備をする
ルール3：クラス全員で賢くなる

　この三つのルールのもとは、10年ほど前の実践にさかのぼる。そのころ、自分の授業スタイルを大きく変えたときがあった。グルー

コミュニケーション力のすそ野を広げるエキスパート教員の活動 〜鳥取県岩美町の事例〜

プで学習課題を解き合い、話し合い、その結論を教師に説明させるというものである。そのとき、生徒のアンケートをまとめながら学んだことがあった。学力の高い生徒は課題を見たときに、ある程度の答えや解決方法がわかるらしい。それをモデルやデジタルコンテンツを使うことで確証を得ているというのだ。

一方、低位の学力の生徒は課題を見ても、どのように解決していいのかわからない。わからないが、手がかりとしていくつかのことが思い浮かぶので、とりあえず手当たり次第やってみる。モデルを使ったり、デジタルコンテンツを見たり。そのうちにこれかもしれないと思えて、それを答えにするようだ。

このことより、生徒によって学ぶタイミングが大きく違うことがわかる。一斉授業だと、こちらの考えたタイミングでモデルを使ったり、デジタルコンテンツを使わせて考えさせたりする。しかし、生徒の実態からすると、そのタイミングでは合わない生徒は、無理矢理学ぶしかない。

そこで、授業進度の速度を調整することでゆとりの時間を少しつくり、そのゆとりの中で滞留させるようにした。この滞留が学び合いのタイミングとなる。

このときに、先のグランドルールが生きてくる。わからない生徒は何が何でもわかるようにさせるためにも、学ぶタイミングや学ぶ方法を選べる状態にしておく。そのために、（前頁ルール1）教室にあるヒト・モノはどれでも使ってよいとしておく。友だちだろうと、教師だろうと、場合によっては参観者だろうとである。また、タブレット端末や実験道具なども自由に使ってよいと伝える。もちろん、そのための立ち歩きは自由とし、どこでどう学ぼうと節度のある範囲では可能とする（右頁写真左）。

しかし、それだけでは意欲に火がつかない。

生徒は「自分事」だと何とかしようとする。そこで、自分事であることがつきまとうような課題設定をする必要がある。たとえば、「学び合いの後、班のまとめを班員の誰かに発表してもらう」「学習の最後に、自分一人でノートに書いて、それを提出する」といった具合である。それが誰でも答えられる準備をするである（ルール2）。自分が最後には発表しないといけないハメになるかもしれない。そうなったときに慌てないように準備をしよう。同じ班の○○さんは、少し理解に時間がかかるから、みんなで教えて、○○さんが当たってしまっても困らないようにしよう。自分のこともだが、少し視野を広げて、同じ班の人、同じクラスの人、困っていたら班を越えて、男女を越えて、とにかく誰でもいいから助けて助けられて、このクラス全員で賢くなろう（ルール3）ということである（右頁写真右）。

この三つのルールにあてはまる姿になるためには、互いに意思疎通を図らなければならないので、必然的にコミュニケーションの力をつけるしかない。生徒は21世紀型コミュニケーション力をつけるために授業をしているのではなく、教え、教えられ、あらゆる手段を使い、解を求め、全員で乗り越えていく価値を知る。その価値観は未来の社会人として必要であり、学校以上に多様で複雑な価値観の中でも、よりよいものを求めていこうとする人としてあり続けるために必要な感覚だと考え、この三つのルールにこだわって授業をデザインしている。

では、このルールを掲げると、コミュニケーションが活発になるのかといえば、そう簡単なことではない。いくつかタイミングがあり、そこを押さえることがルールの定着につながると考えている。

学び合いの様子

自主的な支援の様子

　たとえばルール1についてだが、「どうぞ自由に立ち歩いて、聞きまくっていいよ」と言っても生徒は動きもしない。授業は行儀よく座っているものだと徹底的に教え込まれているので、席を立つことを躊躇する。そこで、最初は荒治療からである。「まず、自分の席を立ちなさい。わからないのに自分の席にへばりついていても、何も解決しない。まずは立って誰かのところに行って、教えてもらいなさい。わかっている人は困っている人のところに行って教えなさい。自分の足でかせぎなさい。さぁこれから15分間。このあと誰かに質問しますよ」で、ようやく動き始める。

　しかし、その15分後にルール2の重要性を痛感する場面がくる。こちらは生徒の理解の状況を把握しながら、クラスの様子を見ているので、ある程度わかっている生徒をあたかもランダムに当てたかのように日にちと出席番号を絡ませたり、私の好きな数字はと理屈をつけたりして当てて発表させる。

　その当たった生徒は半わかりなので、十分に説明ができない。そこで叱る教師の演技にスイッチを入れる。

　「なぜ、周りの人は○○さんが十分に説明できないまま、前に立たせた？わかっている人は何人もいたのに、なぜ○○さんは本当にわかるまで聞こうとしなかった？この不十分な説明でみんなの勉強になるのか？このムダな時間はどう取り返すんだ？」といった具合に真剣に叱るのである。一瞬でクラスは凍りつく。さっきまで自由に立ち歩いていいよと言われて、伸び伸びとしていたのにである。

　そこで、もう一度グランドルールの確認をする。なぜこのルールなのか、ルールはどんな思いが込められているか、このルールで成長することはどんな価値につながるかを説明する。

　そして、再挑戦。時間がなければ次の時間の最初にでも時間をとって、必ず行う。「これから同じ15分間を与えます。前回の失敗の意味を考え、自分はどうあるべきか考えて行動しなさい。解き方がわかっている人は困っている人を何度も助けなさい。解き方がわからない人は教えてと声を出して助けを求めなさい。誰一人こぼれることがないようにクラスで全力を出してみなさい。さぁどうぞ」という具合である。

　その後は発表をさせ、うまくいったことをほめ、全体の学びの姿をほめ、こうあることが望ましいことを全員で確認する。

　そのときに使う手は二つ。一つは教えていた生徒には教え方がうまいことを具体的な姿、たとえば図を書いて説明していたことやていねいに確認しながら教えていたことなどを踏ま

コミュニケーション力のすそ野を広げるエキスパート教員の活動 ～鳥取県岩美町の事例～　>>

えてほめる。もう一つは、教えてもらって理解した生徒への働きかけ。「俺が授業で説明したときにはわからなかったのに、○○くんに説明してもらったらわかったでしょ。あぁ悔しい！同じことを授業で言ったのに、そのときにはわからないって思っていたのに、友だちに説明されたらわかったんだろ。あぁ悔しぃ～っ！」と大げさに悔しがる。そうするとたいていの生徒はニヤニヤしている。こちらからすれば術中にはまったと思う瞬間である。

一度最初にガツンとやっておいて、望ましい姿になったときにほめるようにしなければ、クラスの雰囲気は生まれない。この雰囲気がないのに、コミュニケーション力も何もあったものではない。自分はそう思っている。

(2) コミュニケーション力育成のための ICT活用のポイントと具体例

タブレット無し	タブレット有り
デジカメ ↓ パソコン ↓ プリンタ ↓ 書画カメラ ↓ 投影	内蔵カメラ ＋ アプリ ↓ ↓ ↓ 投影

学び合いの様子

タブレット端末が登場し、それが授業の中に入ってきたことにより、授業のスタイルが大きく変わってきた。図中の背景が濃くなっている部分が生徒の試行錯誤の時間である。

タブレット端末がまだないときは、デジカメとパソコンの組み合わせなどで、実験の結果を印刷し、これをもとに考察させるなど、視覚的なものを使った授業を心がけていたが、デジカメ撮影は生徒が行ったとしても、プリンターで印刷するまでは教師の力技で乗り切るしかなかった。

一方、タブレット端末の場合は、撮影から確認、アプリを使って撮影したものに書き込みまで全て生徒の端末で完結できる。印刷物が出力されるまでのムダな時間もない。また、撮影し、考えているうちにもう一度やってみようとなってもすぐに撮り直しができる。そしてよりよいものを結果として残そうとする。その試行錯誤がタブレット端末だと、今までのICT活用より十分に確保できる。

文部科学省の調査によると、平成25年度末に教育用のタブレット端末型コンピュータは全国に7万2千台あまり導入されているとなっている。平成26年度が終わるころには、10万台を軽く突破し、その普及は加速度的であろうと予測できる。

このタブレット端末をはじめとして、ICTをコミュニケーション促進のためのテクノロジーとして授業の中で活用するためには、次の三つをポイントとして挙げたい。
①制限をかける
②早く離れる
③行間を語る

①制限をかけるだが、この制限には工夫しがいがある。タブレット端末を各班に１台ずつといったように台数を制限することで、タブレット端末を複数名で囲むので自然と話し合いが生まれる。説明時の映像は１枚のみと制限することで、決定的な１枚をどれにするか議論が生まれる。タブレット端末に書き込むのはキーワードであって文章はダメだと制限することで、何を書いたらいいのか言葉を選ぶようになる。

また、右頁左の写真のように、映像を選ばせる場合、Web上のコンテンツをそのまま扱わせると、莫大な映像があり、選ぶだけで授

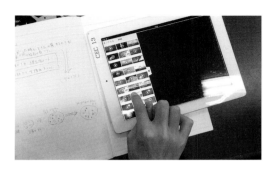
素材の制限

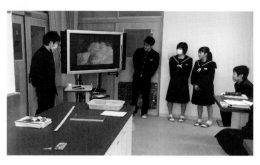
発表の様子

業が終わる。それを防ぐためにも、著作権に配慮しながら、ダウンロード可能なものは必要最小限だけ落としておき、それを端末に入れておくことで、限られた素材の中で工夫することを学ぶことにもつながる。

次に②早く離れるだが、これはタブレット端末をはじめとして、ICT機器の操作から早く離れるという直接的な意味である。コミュニケーションをしながら、グループで建設的な妥協点を見出だしたりするのに、誰かがいつまでも操作していたりすれば、話し合いは進まない。クラスには何名か非常に強いこだわりで操作を続ける生徒がいたり、そもそもタブレット端末といったテクノロジーに興味があり、いつまでも触っていたいと思う生徒がいたりする。しかし、授業はタブレット端末操作の達人を育てるのが目的ではない。教師は机間指導をしながら、いつまでも操作している生徒やグループがいる場合、切り上げさせ、今あるデータを使いながら話し合いに向かわせるように支援する必要がある。

そして③行間を語るだが、これは説明・説得の場面での生徒の伝える姿に関わるものである。

先ほどの制限をかけることの解説の中に文章を書かせないとあった。生徒は説明し、相手を説得するために映像を使ったりする。そのときに読ませる映像を提示すれば、受け手は読むことに必死になり、話し手の言葉は聞いていないかもしれない。また、読んでいる途中で映像が切り替われば、そこで聞こうという意欲が削がれるかもしれない。そのようなことを防ぐためにも、提示する映像に含める文字には制限をかけさせる。その分、その映像とキーワードを補うための話し言葉を加え。語る言葉によってその映像を話し手が提示した意図に導くように、映像の裏にある言葉を話させるように意識させている。「映像だけではわかりにくいけど、あなたの言葉を聞きながらだったらわかるよと相手が思ってくれるように、話す内容を考えなさい」と指示をする。そうなると、自然と原稿無しで、映像を見ながら話そうとする。

また、ここで説得・納得の精度を上げるためのひと工夫がある。次の発表班は今の発表班について必ず一つ質問をしなさいという条件をつけるのである。なぜ次の班なのか。これは、自分たちは次だから準備しなくちゃと思って前の発表を聞いていないことがよくある。しかし、質問をしなければならないとなると、「よく」聞かなければならない。発表の準備どころではない。だからこそ次の班は質問をさせるのである。また、発表班は必ず質問が来るので、ある程度質問の予測をする班も出てくる。その質問なら私が答えますと自信ありげに答える生徒もいたりすると頼もし

コミュニケーション力のすそ野を広げるエキスパート教員の活動 〜鳥取県岩美町の事例〜

く思えてくる。

このようなやり取りをしていると、教師は司会業のようなものになり、出てきた質問を板書し、発表班が答えきれない部分はクラス全体に投げかけ、最終的にはクラスの課題としてそれを次の学習の軸に据えて授業を組み立て直したりする。そのライブ感がコミュニケーションのある授業の醍醐味であり、予想範囲を超えたときのワクワク感でもあったりする。

(3) 21世紀型コミュニケーション力育成の先にあるもの

1年時に「話す」「聞く」コミュニケーション活動、2年時に「書く」「読む」コミュニケーション活動を授業に取り入れてきた。

とくに「書く」ということは非常に難しい表現活動で、また人の書いた文章を「読む」ということも難しいことが改めてわかった。

しかし、人は言葉で考え、言葉で伝え合う。そのコミュニケーション力を強化するためには、文字で表現できるほど明確な考えを持つことが重要だと思う。そのための書く活動であり、読む活動である。

教科書や資料を使い、映像を使い、教え合い学び合い、班ごとにプレゼンもした。確かに活発に議論したり、わかりやすくなるための説明の仕方に工夫もしたりした。しかし、どんなに議論しても、どんなに相手を説得しても、ふと一人になったとき、自分の中に学びとして何が残っているのか。それを確かめるために、学習の最後に10〜15分程度で文章のみで絞り出させることをしている。

とかく生徒は図を使いたがるが、基本的に図は一切禁止している。図にしてしまうと押さえたい言葉がその生徒に落ちているかどうかわからなくなるからである。

生徒の説明文の例

この学習活動を通して感じたことがある。黙って15分ほど文章を書いているが、この姿は「個人内対話」ではないだろうかということである。書いている自分と読んでいる自分。説明している自分とそれを聞いている自分。自分が伝えたいことが自分でわかるのか。自分が書いていることで自分自身を説得でき、自分で納得できるのか。生徒の中には小声でぶつぶつ読んでいる生徒もいる。また、読み直しては書き直し、書き直してはペンが止まっている生徒もいる。まるで人を説得しようとして説明したが、質問をされて答えきれなくて困っている生徒のように見えることもあった。

他者との議論の中で物事を多面的に考える。経験にたとえて話すことのわかりやすさを知る。筋道立てた説明が相手の理解を促す。学習中のグループでの経験をもとに、自分一人になったときにこそ、自己の考えを多面的に見つめたり、自分の経験と結びつけたり、順序立てて物事をとらえ考えようとする人になる。

21世紀型コミュニケーション力が目指すコミュニケーションの先には、一人ひとりが自分の中で自己対話し、納得をした上で物事を判断できる人を育てるさらに高次のレベルがあるように感じている。

* 第2章 ··· 各地域、学校の事例から *

④ 思考・表現ツールを重視した地域あげての コミュニケーション力育成 ～熊本県高森町の事例～

熊本県教育庁教育政策課　指導主事
山本 朋弘

(1) 高森町の概要

高森町は、熊本県の南阿蘇に位置し、人口約六千人の町で、町域は阿蘇外輪山によって大きく東西二つに分かれており、高森中学校と高森中央小学校、高森東中学校と高森東小学校の小学校2校、中学校2校を有する。平成24年度から文部科学省委託事業により、コミュニティ・スクールを導入し、高森東学園学校運営協議会（高森東中校区小中2校）、高森中央学園学校運営協議会（高森中校区小中2校）を実施している。

また、高森町では、小中一貫教育をいち早く導入し、小中兼務辞令を発令するなど、小中一貫教育カリキュラムを先駆けて研究している。文部科学省教育課程特例校として、小学校からの英語教育導入による英語教育を強化したり、新聞を活用した教育（NIE教育）を推進したりするなど、国際化等の多方面にわたる先行実践を展開している。さらに、「高森ふるさと学」を創設し、小学校社会科副読本「私たちの高森町」、小中学校道徳教育副読本「高森の心」を作成するなど、郷土教育にも力を入れている。

①教育プランに基づく方向性

高森町では、「高森に誇りを持ち、夢を抱き、元気の出る教育」をスローガンに、平成24年3月に「高森町新教育プラン」を策定し、教育改革に取り組んでいる。また、文部科学省の施策である「地域とともにある学校づくりの推進方策」や「教育の情報化ビジョン」などを積極的に取り入れ、国や県の動向をしっかり見据えて、「高森町で教育を受けてよかったと実感できる教育」の創造を目指している。新教育プラン策定においては、重点施策は、「コミュニティ・スクールを基盤とした小中一貫教育、ふるさと教育」であり、そのねらいは次の4点である。

・高森の子どもたちに「確かな学力」と「豊かな心」を醸成する。
・高森の地域力を生かした「地域とともにある学校づくり」を推進する。
・高森町行政と連携した「教育環境の整備」を推進する。
・高森町教職員の資質を高める「高森町教育研究会の活性化」を図る。

②コミュニケーション力育成の方向性

国際化や情報化等の社会的変化によって、コミュニケーションの在り方が大きく変化し、新しい時代での児童生徒のコミュニケーション力育成がこれからの教育課題として挙げられる。とくに、さまざまな集団の中で意欲的にコミュニケーションを図ることが求められており、高森町では、多様な価値観を持つ人々と

思考・表現ツールを重視した地域あげてのコミュニケーション力育成 ～熊本県高森町の事例～

協働して社会に貢献できる人材育成を目指している。

また、経済・社会、生活・文化のあらゆる場面で情報化が進展する中で、コミュニケーション力育成とICT活用との関連も考慮し、大量の情報の中から取捨選択をしたり、情報の表現やコミュニケーションの効果的な手段としてコンピュータや情報通信ネットワークなどの情報手段を活用したりする能力の育成を目指している。

③充実したICT教育環境

「高森町新教育プラン」の施策の一環としてICT環境の整備が段階的に進んでいる。具体的には、普通教室及び特別教室に電子黒板と実物投影機が配備され、各教科デジタル教科書が導入されている。また、校内無線LANが構築されており、本年度はタブレット端末240台が新たに導入された。校務支援システムや教務支援システムにより、校務の情報化も進んでいる。これらICT環境の整備・充実は、当然のことながら町当局の財政的な支援のもと行われている。町当局においては、町内4校におけるICT教育の視察はもとより町議会としてICT教育の先進地視察を行うなど、財政的な支援にとどまらず学校におけるICT教育に理解をいただくとともに、その成果に期待をされている。さらに、教育CIOと学校CIOによる教育の情報化における推進体制が充実しており、教育委員会と各学校の連携も密であり、町を挙げて研究発表大会を毎年開催している。

平成25・26年度、熊本県教育委員会指定である「ICTを活用した『未来の学校』創造プロジェクト推進事業研究推進校」、平成24年度から3年間ダイワボウ情報システムとの共同研究である「産学官による普通教室におけるICT活用実証研究協力校」、加えて平成26年度は、文部科学省から「ICTを活用した教育の推進に資する実証事業」の委託事業を受け、ICT活用による授業実践を通じて知識・技能の習得と、自ら学び考える力の育成をバランスよく進めるべく実践研究に取り組んでいる。

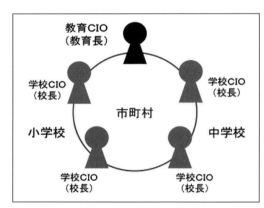

図表1：高森町の推進体制

全小中学校へのICT環境の整備

①全普通教室への電子黒板・実物投影機の整備（H24～25　32台）
②小中全学年へのデジタル教科書の導入（H24　全学年・全教科）
③2人に1台タブレット端末の導入（H25～26　360台）
④校務支援システム「ゆうnet」の導入（H24～）
⑤教務支援システムの導入（H24～）
⑥学校図書館管理システムの導入（H23～）
⑦学校CMS、テレビ会議システム（熊本県教育委員会）の導入（H25～）
⑧教育CIO（Chief Information Officer）制度の導入（H26～）

図表2：高森町のICT環境整備に関する状況

当初一斉導入された電子黒板は、どの教室でも日常的に活用することができている。たとえば、一斉指導の場面で、教師用デジタル教科書でわかりやすく課題提示をしたり、意見を共有する場面において実物投影機でノートを映し出して説明させたりするなど、教師だけでなく児童生徒にとっても欠かせない道具となっている。もちろん、電子黒板だけで授業を進めることなく、児童生徒から出されたおもな考えや授業のポイントとなる重要なまとめなどは黒板にきちんと書き残すなど、従来通りの板書との連携を大切に授業づくりを進めているところである。

　タブレット端末活用では、おもに児童生徒が活用することが多く、おもな場面では、個人思考の場面、伝え合いの場面である。たとえば、個人思考の場面では、動画やデジタルコンテンツを繰り返し再生したり、スロー再生や一時停止したりして思考を深めている。学び合いの場面では、撮影した動画をグループで視聴して、それをもとに話し合い、グループでの学び合いを深めるようにしている。

④小中一貫カリキュラム

　小中連携を積極的に推進するためには、ICT環境などのハード面だけでなく、児童生徒と接する教員同士の連携など人的環境の充実が重要となる。そのため、高森町では、複数の教職員に対して兼務辞令が出されている。これにより、中学校教員が小学校に出向いて授業を実施したり、小学生が中学校の特別教室でより専門的な学習を進めたりすることが可能となっている。授業形態としては、教科担任授業・交流授業・協力授業などを授業のねらいや児童の実態を考慮して選択するようにしている。イベント的でない継続的な取り組みにより、学力向上はもちろん、「中1ギャップ」の解消や異年齢集団での活動による自尊

電子黒板の日常的活用

タブレット端末を活用した学び合い

中学校教員が小学校授業に参加

感情の高まりにつなげることができている。

⑤家庭・地域へのタブレット端末の
　持ち帰り・携帯

　タブレット端末は、携帯性や閲覧性の面で優れており、屋外や家庭に持ち出して活用することで、教室だけでは得られない学習を展開することが期待できる。高森町では、タブレット端末を家庭に持ち帰り、家庭での学習

思考・表現ツールを重視した地域あげてのコミュニケーション力育成 ～熊本県高森町の事例～　>>

タブレット端末の家庭への持ち帰り

地域の様子をタブレット端末で撮影

に活用している。家庭での利用形態は、おもに画像や動画の撮影、データの入力などである。タブレット端末には復元ソフトが入っているため、児童生徒は記憶媒体として、USBメモリを一緒に持ち帰っている。

　たとえば、中学校での具体的な活用例では、技術家庭科の「生物育成」において、単元導入時に、家庭や地域で「生き物」の画像を撮影させるようにした。地域や家庭で生徒が撮影してきた画像を、グループの中でWeb共有ボードを使って共有できるようにした。1枚の画面に、さまざまな動植物の画像が並んでいる状態から、KJ法によって写真を分類して名前をつけることで、「動物と植物」「色による違い」「人間が育てているものと野生」等に整理させることができた。

　さらに、小学校の地域学習では、児童がタブレット端末を携帯した調査学習を展開している。タブレット端末を携帯した調査活動によって、地域の情報を画像や動画で多く収集することができる。また、撮影した画像や動画をその場ですぐ視聴できるので、必要な情報を繰り返し収集することができた。また、収集した資料はWeb共有ボード上に防犯マップとしてまとめることができた。このように、家庭や地域での学習にタブレット端末を有効活用し、児童生徒の日常的・継続的な学びを支援するようにしたい。

(2) コミュニケーション力育成に関する教員研修

①高森町教育研究会での取り組み
　～ワークショップ研修の事例～

　高森町小中学校の全体研修では、小中学校の全教員が参加して、一般社団法人日本教育情報化振興会（JAPET&CEC）が開発した「ICT社会におけるコミュニケーション力育成のワークショップ」を取り入れて、「ブレーンストーミング」の基本ルールと進め方を理解する研修を実施した。

　このワークショップの中では、参加者全員で意見を出し合い、新たなアイディアを生み出すための手法を学び、小中学校での校内研修の意思決定や行為形成、協働体制の充実を目指すようにした。以下は、研修のおもな流れであるが、JAPET&CECから外部講師を派遣してもらい、テキストやスライド等も事前に準備していただいたので、はじめてのブレーンストーミング研修をスムーズに開催することができた。

　町の全体研修では、町内の4校が一斉に集まり、年間に3回程度合同研修を行っている。おもな内容は、授業研究会、ICTの活用研修

町全体でのワークショップ研修

教師間での協働解決場面

である。今回のワークショップ研修は、公開授業を実施した後に、ブレーンストーミングを用いた授業研究会を展開した。

研修の流れとしては、全員が中学校の音楽の授業を見た後に、4人グループをつくって授業についてブレーンストーミングを行った。「自分の授業に取り入れたい部分」と「改善した方がいい部分」について、2色の付箋紙を用いてまとめるようにした。最後には、複数のグループに発表を行ってもらい、まとめた内容について全体で意見交換を行うようにした。

この研修を行ったおもなねらいは、授業づくりについて考えることやICTの活用について全教職員が学ぶことであるが、シンキングツールを使って協働的な活動を体験してもらうことで、実際の授業でブレーンストーミング等のシンキングツールを使わせたいねらいもあった。

ワークショップ研修のおもな流れ

おもな活動内容	具体的内容・備考
1. ブレーンストーミングの概要、具体的展開を理解する。【10分】	・進行係からブレーンストーミングの概要や方法について説明する。
2. 4人グループに分かれて、ブレーンストーミングを行う。【15分】	・実施された公開授業（中学校2年音楽）の授業について振り返る。 ・よかった点は青色の付箋、改善点は赤色の付箋を使う。 ・話し合いの視点を提示する。 　視点1：ICTの活用について 　視点2：協働的な学びについて
3. 話し合った内容をグループ毎に発表する。【10分】	・作成した模造紙を提示しながら発表する。
4. 研修のまとめ。【50分】	・授業者による自評 ・まとめ 　放送大学　中川一史　教授 　熊本県教育庁　山本朋弘　指導主事

思考・表現ツールを重視した地域あげてのコミュニケーション力育成 ～熊本県高森町の事例～ >>

学び合いでのICTスキル向上

ポスター発表の様子

② ICT活用と関連づけた研修

　コミュニケーション力育成のワークショップで学んだ手法を、町内の各学校の校内研修においても取り入れた。KJ法での意見の整理やポスター発表での学びの共有などで確実に積み上げるようにした。

　高森中央小学校では、授業研究会において、参考になった点や改善点などを1人1台のタブレット端末から書き出して共有し、複数のグループごとに意見を整理した。まとめた意見は代表者が発表して、全員で協働的な学びを実現するためのポイントを共通理解することができた。このような手法を校内研修に取り入れることにより、教員同士の話し合い活動が活発になり、授業改善に向けた意識を高めることができた。あわせて、ICT活用の経験が浅い教員に対しても、実践的な場面でスキルを習得させることができた。

③ ポスター発表の様子

　高森町の小中学校が合同で開催した研究発表会では、公開授業・デジタルポスターセッション・有識者によるデジタルミーティングを実施した。

　デジタルポスターセッションでは、町内の小中学校の教員や教育委員会職員等が8名参加

教育委員会職員も積極的に参加

し、日ごろの実践やこれまでの取り組みについて発表した。この発表の中にも、ICTの活用だけでなく、コミュニケーション力の育成につながるような、学習活動の様子が紹介されていた。

④ 研修成果

　研究発表会等でのポスター発表で自信をつけた教師たちは、さまざまな発表の機会に積極的に参加するようになった。ポスターセッションについては、本町における教育の情報化の取り組みを模造紙にまとめ、参観者にアピールすることを目指した。ポスター作成にあたっては、事前に町の研究主任が集まり、それぞれの学校における取り組みを共有しながら発表内容を検討していった。ブレーンス

タブレット端末でさらに詳しい説明

トーミングを通して得られた新たな気づきや発表のポイントはその場でホワイトボードに書き留めて、ポスターの全体像を作成していった。紙面や発表者の言葉だけでは伝わらない事例については、具体的な場面を動画として編集し、手元のタブレット端末で説明できるように準備した。セミナー当日の発表も、一方通行の説明に終わらず、参観者とやりとりをしながらプレゼンすることができた。

(3) コミュニケーション力育成とICT活用の具体的展開

小学校3年　国語
すがたをかえる大豆（イメージマップを用いた学び合いの授業事例）

①授業づくりのポイント

本教材の説明文「すがたをかえる大豆」は、「大豆」がさまざまな工程を通して違う食材に変化する様子を読み取っていく。この読み取りをもとにして、自分で選んだ食材がどのように変化していくか「食べ物へんしん図かん」を作成する。その際、食材と食料品のつながりの部分でどのような加工がなされているか考えさせて調査活動に向かわせることが重要である。

事前
　説明文「すがたをかえる大豆」の読み取り
　↓
本時
　「食べ物へんしん図かん」づくりに
　向けてのイメージマップ作成
　↓
事後
　「食べ物へんしん図かん」づくり

本実践においては、コミュニケーションツールとして「イメージマップ」の活用を取り入れる。イメージマップとは、概念を表す言葉と言葉をつなぐ線で構成されるもので、児童が持っている知識を一覧で確認したり、つながりの部分を意識させたりする良さがある。このツールを活用することにより、自分が選んだ食材が変化する工程で何が行われているかに意識を向けさせて調査活動に取り組ませることができると考える。

②単元計画

時	学習活動
1（本時）	○調べたい食材についてイメージマップを作成し、食材をおいしくする工夫について調査内容や調査方法を明らかにする。
2	○イメージマップから調べることや調べる方法を考えてカードに整理する。
3	○カードに整理したことをもとに辞書・本・インターネット等で調べる。
4・5	○自分が選んだ食材が、どのような食料品に変身するか説明する文章を書く。
6	○書いた説明文を推敲し、「食べ物へんしん図かん」を完成させる。

③授業の展開

過程	学習活動	指導上の留意点
つかむ	1　本時の学習課題をつかむ。	・これまで大豆の変化について学習してきたことを確認し、自分で選んだ食べ物図鑑作成に向けての見通しを持たせる。
	めあて　どんな食料品に姿を変えているのか図にまとめよう	
考える	2　学習班で選んだ食材がどんな食料品に変化するか予想する。	・食材がどのような食料品に変化するか、知識や経験をもとに付箋に書き出す。 ・時間設定を明確にして、見通しをもって個人思考に向かうことができるようにする。
深める	3　学習班で食材の変化をまとめたイメージマップを作成する。 4　自分で選んだ食材についてイメージマップを作成する。	・付箋に書きだした食料品を班で共有し、模造紙にイメージマップとしてまとめる。 ・各班で撮影したイメージマップを画面転送機能で電子黒板に拡大提示して、班の代表児童に説明させる。 ・皆で共有したさまざまに変化する食材から、個人で一つを選ばせ、ワークシートにイメージマップを作成させる。
広げる	5　本時の学習を振り返る。	・調査活動を行う手段について確認する。 ・感想を交流し本時で学習したことを全員で共有する。

④授業の実際

ア　導入場面

　導入場面で、教師は「大豆はどのような食料品に姿を変えていましたか」と児童に問いかけた。児童からは、「みそ」「きなこ」などとさまざまな答えが返ってくる。教師は、お米の実物を児童に見せながら、「私たちの身の回りにはいろいろな食材があり、それぞれ姿を変えています。これから、自分で選んだ食材のひみつをみんなに教える図鑑を作りましょう」と話した。これまで、児童は思いついたことやわかったことを整理する手段としてイメージマップの使い方を学んできている。そこで今回は、図鑑を作るための作戦としてイメージマップを用いることを確認し、「どんな食料品に姿を変えているのか図にまとめよう」とのめあてを黒板に掲示した。

イ　展開前半

　教科書に例示されている食材の写真を黒板に掲示して、それぞれの学習班で食材一つを選ばせるようにした。「それでは、自分の班で選んだ材料がどんな食料品に姿を変えているか、これまで見たり聞いたりして知っていることから思い出して付箋に書き出しましょう」と伝えた。一人ひとりに付箋を10枚程度配布した。個人思考の時間を十分に確保できるようにし、児童は、自分の班で選んだ食材がどのように変化していくか、自分が知っている知識や経験をもとに付箋に書き出していった。教師は、机間巡視しながら、あらかじめ予想していた食料品が書き出されているか確認していった。

ウ　展開後半

　個人で付箋に書きだした食料品を学習班で集約し、食材の変化をまとめたイメージマップを作成することとした。模造紙を配布し、

導入場面で食材の実物を提示

食材が変化した食料品を付箋に書き出す

学習班でのイメージマップ作成

個人でワークシートにマップを作成

中心の枠内には各班で受け持った食材を記入させた。時間を設定してそれぞれにイメージマップを作成するようにした。「同じ食材は近くに貼りつけます」「食料品のグループができたら、真ん中の食材と線でつなぎましょう」と指示をした。児童は、「お米をつくと、おもちができるよ」「おいしくする工夫には、混ぜご飯もあるよ」「でも、それはお米そのものが変わったわけじゃないと思う」「じゃあ、米粉パンはどうかな」と意見を出し合いながら、食材の変化についてイメージマップを作成していった。貼りつけが終わったら、付箋のまとまりをグループとして枠をつけ、イメージマップとして仕上げていった。

それぞれのマップが完成したらタブレット端末で撮影し、画面転送して電子黒板に拡大提示して説明するようにした。児童から出された食料品は、黒板に箇条書きで記し、五つの食材全てについて、どのような食料品に変化するのか一覧でわかるようにして、自分が図鑑を作りたい食材を選ばせた。

五つの食材の変化について全体的に確認した後、ワークシートに、自分が選んだ食材を書かせ、その周りに最大四つの食料品を記すようにした。

食材と食料品の間には食材をおいしくする

ための工夫となる工程を記入できるようにした。食材をおいしくするための工夫について十分に知識がない場合にも、児童は、「パンは小麦をすりつぶして粉を作っているんじゃないかな」「大豆をつぶして固めると豆腐になると思う」などと、予想することができた。また、知らない工程についてどのようにして調べるかについては「図書室の本がいいと思う」「インターネットで調べよう」と複数の手段を挙げることができた。

食材の変化をイメージマップで説明

エ　終末場面
　学習感想文を書かせて、本時で学んだことを発表させた。「食べ物がどのように変身するか図にまとめることができました」「食べ物がどういう風にして変身するか、自分が知らない部分がはっきりわかりました」「変身する方法について、くわしく調べたいです」と感想を述べることができていた。

⑤児童の感想
・私は、いろんな食べ物が食料品に姿を変えているとは思ったことがなかったので、この勉強をしてよかったなと思いました。イメージマップにまとめたのがとても楽しかったです。また、イメージマップで考えたいです。

・この勉強をして、どんな食材がどのように姿を変えているかを考えることができたと思います。また、イメージマップにしたらわかりやすいと思いました。

⑥実践を振り返って
　コミュニケーションツールとしてイメージマップの活用を取り入れたことで、児童は食材の変化について全体的に把握しながら学習を展開することができた。これにより、自分が一番興味をもった食べ物の図鑑作りに向けて食材の変化を意識させながら調査活動に向かわせることができた。

小学校4年　社会
わたしたちの県（付箋や模造紙を用いた学び合いの授業事例）

①授業づくりのポイント
　本単元では、グループの中で県内各地の名産品を分担して調べるようにした。作り方・材料・地域の歴史・携わる人々等のさまざまな視点で調査活動を進めるようにした。
　調査活動の終末場面では、名産品の共通する要素として「地域の特性を生かす」「伝統を守る努力」について学習を深める必要があり、調査したことをグループで共有し、比較しながら整理を行うことで、それぞれの調査内容の共通部分について気づかせるようにする。
　本実践においては、コミュニケーションツールとして付箋や模造紙を活用したKJ法を取り入れる。KJ法を用いて、互いの調査内容を比較させながら、県内の文化・歴史などの共通点や相違点に気づくようにしたい。

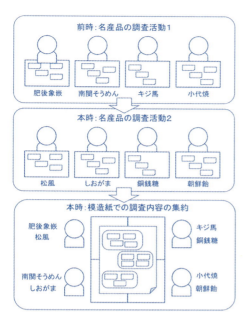

図表3：本時でのグループ編成の流れ

②単元計画

時	学習活動
1	○県内の人々の生活や地域の自然、文化、歴史などの特色について調べる学習課題を設定する。
2	○県内の伝統や文化などについて調査課題を決める。
3～5	○県内の伝統や文化などについて調査する。 調査する名産品：肥後象嵌・南関そうめん・キジ馬・小岱焼
6 （本時）	○伝統や文化を守る県内のお菓子づくりなどから県の特徴について考える。 調査する名産品：銅銭糖・朝鮮飴・しおがま・松風

③授業の展開

過程	学習活動	指導上の留意点
つかむ	1　本時の学習課題をつかむ。	・前時までに各児童がまとめたイメージマップを閲覧させ調査内容を想起させる。
	熊本県の名産品を比べて、熊本県の特徴について考えよう	
考える	2　自分で選んだ県内の伝統的なお菓子づくりについて個人で資料を読み取る。	・時間設定を明確にして、見通しをもって調査活動を進めるようにする。 ・タブレット端末に保存したお菓子に関する資料を読み取り、これまで調べた名産品と比較しながら自分の考えをもつことができるようにする。
深める	3　調査内容の共通点や相違点について班で相互発表する。 4　全体で意見を出し合う。	・ワークシートに書いた名産品の共通点や相違点について説明させる。 ・読み取ったことを比較しながら調査内容を整理させる。 ・調査内容をグループ分けした模造紙を拡大提示しながら説明させる。
広げる	5　本時の学習を振り返る。	・感想を交流し本時の学びを確認する。 ・児童の発言を価値づけし伝統や文化を守る取り組みのすばらしさを確認する。

思考・表現ツールを重視した地域あげてのコミュニケーション力育成 ～熊本県高森町の事例～ >>

イメージマップでの振り返り

資料からの読み取りを付箋に書き込む児童

④授業の実際

ア　導入場面

　前時で調べてきた県内の名産品（肥後象嵌・南関そうめん・キジ馬・小岱焼）の写真を提示して、振り返りを行った。次に、学習者用デジタル教科書を使って調査内容をまとめたイメージマップで提示し、一覧してこれまで調べてきたことを振り返らせた。それぞれの児童が作成したマップは事前にノートに貼りつけてあったので、それを閲覧させるようにした。児童は、自分や隣の友だちのマップを見ながら、県の名産品についての調査内容を想起することができた。また、熊本には昔から作り続けられているお菓子として銅銭糖・朝鮮飴・しおがま・松風の四つがあることを確認し、本時ではそれらのお菓子について詳しく調べることにした。調査したことから、熊本県の特徴をつかむことを確認し、「熊本県の名産品を比べて、県のとくちょうについて考えよう」とのめあてを黒板に掲示した。

イ　展開前半

　めあてを確認した後、四つの伝統的なお菓子について学習班の4人で分担して、個別に調査活動に取り組むようにした。資料は、事前に教師がまとめた資料を1人1台のタブレット端末に入れておいた。具体的な内容としては、伝統的なお菓子の写真・作っている職人・製造工程・お店の歴史・現在の販路などを盛り込んだものを用意した。読み取ったことを付箋に書き出させる際には、わかったことを1枚に一つだけ記述するように確認した。

　また、班全体で付箋を集約したときに、何について調べたのかわかるように、調査対象の頭文字を書かせるようにした。これらの指示は、実物の付箋を写したスライドで示しながら説明を行った。

　調査内容を書き出した付箋は、前時から使っているワークシートに貼りつけるようにした。ワークシートの左半分は前時に調査した内容の付箋を残した状態である。それに加えて、本時での調査内容を、右の枠に並べて比較できるようにした。資料からの読み取りが終わった児童には、前時に調べた内容と、今回調べた内容を比較して、共通するものを見つけさせた。共通点を見つけた内容は、ワークシートの別の枠に張り出して、自分が調べた二つの名産品の共通点として班の友だちに紹介できるようにした。南関そうめんと銅銭糖を調べたある児童は、どちらも県内の良質の食材を使っていることに気づき、「材料」という点で同じとワークシートに記述することができた。

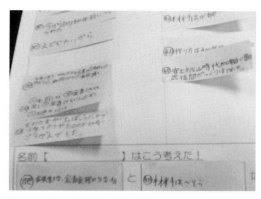

調査内容の関連付けを図るシート

模造紙に共通点についてグループ分け

ウ　展開後半

　個人思考を終えて、学習班で調査内容を共有した。「それぞれ見つけた共通点や違う点についてお互いに説明します。4人が終わったら大きいワークシートに仲間分けをしてタイトルをつけます」と伝えた。その際、個人が事前に見つけた共通点を手がかりに全員の調査内容を整理させた。

　互いに意見を交わしながら新たな視点で付箋に書いた調査内容をグループ分けしてタイトルをつけていく。ある班では、次のようなやりとりがあった。

児童A「どの名産品も、かなり昔から作られているね」

児童B「104年前とか300年前から続いているってすごいね」

児童A「しおがまは、完全に手作りだけど、松風はほとんど機械で作っているから別にしたほうがいいよ」

児童C「でも、昔からの味を守り続けていることは同じだと思う」

　立ち上がって模造紙をのぞき込み、額を近づけながら熱心に作業を進めることができていた。

　模造紙での意見の整理が終わった班は、タブレット端末で模造紙を撮影させ電子黒板で説明させるようにした。班の代表の児童から

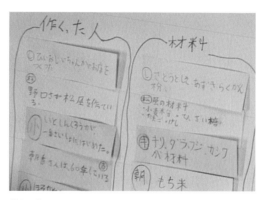

共通点へのタイトルのつけ加え

は、「昔から作られていること」「材料のこと」「作った人のこと」「どこで売ってあるかということ」等がこれまで調べてきた県の名産品の共通事項として出された。とくに、「伝統」という言葉については、辞書で引かせて「昔から伝えられてきたもの」という意味をしっかり押さえさせた。

エ　終末場面

　学習感想文を書かせて、相互発表させた。「熊本のお菓子について新しいことを知ることができた」「伝統あるものを、守っていきたい」との感想が出された。最後に、伝統的なお菓子作りしている職人の方のインタビュービデオを電子黒板に提示した。菓子職人の言葉か

ら、「伝統を守ること」「新しいことにも挑戦すること」が大切であることを押さえて授業を終えた。

⑤児童の感想
・自分たちが住む熊本県の名産品を大切にしたいと思いました。
・熊本県の名産品を、全国の人にもっともっと知ってもらいたいです。
・班の友だちと調べたことをふせんにかいて、大きな紙にまとめたので、自分が調べてないことも知ることができました。

⑥実践を振り返って
　コミュニケーションツールとして付箋や模造紙を活用したKJ法を取り入れたことで、個人で調査した本県の名産品の共通部分として「伝統」が守られていることを押さえることができた。これにより、自分たちが住む県内の文化・歴史を守っていくことの大切さに気づかせることができた。

中学校3年　道徳
資料名「新聞学者・本田土馬」（家庭との連携を工夫した学び合いの授業事例）

①授業づくりのポイント
　本実践では、話し合い活動の中で個人の思考を広げたり、深めたりするためにデジタルコンテンツを用いた。デジタルコンテンツの中身は、家庭との連携を重視して、生徒がタブレット端末を家庭に持ち帰り、生徒が保護者へ質問し、保護者が答える様子をタブレット端末で撮影した動画であった。この動画をグループの中で視聴し合うことで、生徒同士の話し合いだけでは得られないような、知識や考え方に気づくことをねらいとした。
　生徒たちにとって身近な存在である保護者が「町のために活動していること」について語っている様子を見ることを通して、保護者の町に対する思いや考えに気づかせることをねらいとした。また、全員が町のことを考えて行動していることに気づかせて、自分たちの活動に対する意欲を高めさせることができると考えた。授業と家庭との連携を図り、タブレット端末を持ち帰ったことで、これまでになかった学習活動を行うことができた。

②授業の展開

過程	学習活動	指導上の留意点
つかむ	1　アンケートの結果を知り、自分たちの考えの傾向をつかむ。	・結果をわかりやすくするためにグラフを作成して電子黒板に提示する。 ・数種類のアンケートを比較して、自分たちの課題に気づかせる。
考える	2　資料を読んで、主人公の故郷に対する思いに触れる。	・資料に出てくる主人公が故郷のために、活動している様子を理解させる。 ・「ふるさとのために」という思いが主人公を動かしていることに気づかせる。
深める	3　高森町のために活動することについて、友だちや親の意見を聞き、考えを深める。	・個人の思考が深まらなければ、協働的な学びは深まらないので、個人思考が深まるよう配慮する。 ・学び合いの中に保護者の意見が入るようにタブレット端末を活用する。
広げる	4　これからの生活に向けて意欲を高める。	・本時を振り返り、高森の為に活動していることに気づかせる。 ・意欲を高めさせるために、子ども議会の写真を提示したい。

保護者へのインタビュー録画

アンケートから課題が明らかに

③授業の実際
ア　授業の前に

　今回の授業では、生徒同士のコミュニケーション力を育むために、グループにおける話し合い活動の中で、保護者が登場するインタビュー動画を準備することとした。

　授業の2週間前に、保護者に対して、「タブレット端末を持ち帰ること」と「インタビューで話してほしい内容」について文書で説明するようにした。その後、学級の全生徒がタブレット端末を持ち帰り、撮影機能を用いて、自分の保護者に対して、「高森町のために活動していることはありますか」と質問しながら動画で記録するようにした。また、インタビュー時間は30〜60秒程度となるように指示し、学級の4人グループで視聴し合うことが時間的に可能となるようにした。生徒は、撮影した動画をその場ですぐ確認しながら撮影動画を自己評価しながら、自分で納得いかない場合には、インタビューを再度撮影するようにした。

イ　導入場面

　導入場面では、事前に行っていたアンケートの結果を電子黒板で提示しながら、クラス全体の意見や考え方を共有していった。「高森町のことが好きか」「高森町は自慢できる町か」「高森町をよりよくしたいと思うか」の質問に関しては、9割近くの生徒が「とてもそう思う」「まあそう思う」と答えていた。それに比べて「高森町をよりよくするために自分にできることがあるか」という質問に関しては、「とてもそう思う」「まあそう思う」と答えている生徒の割合は少なく7割程度にとどまっていた。

　このことから、町のために何かしたいと考えていていても、中学生の自分には何もできないと思いこんでいることがわかった。これらのアンケート結果をグラフ化して見せることにより、本時での学習課題を明確にし、生徒の学習意欲を高めることができた。

ウ　展開前半

　高森町出身で元町長の「本田土馬」の活動が書かれた「新聞学者・本田土馬（高森の心）」を資料として扱った。土馬は、土地がやせていて、畑作や稲作が難しかった高森の地に、養蚕業を普及させるために尽力した人物である。

　この土馬は、裕福な家の出身で何不自由ない暮らしをしていた。それだけでなく、町の人々の暮らしが豊かになって欲しいと願い、養蚕業の発展のためさまざまな調査・研究を行った人である。この資料を通して、「町のため、故郷のために活動すること」のすばらしさ、尊さを学んでいった。

思考・表現ツールを重視した地域あげてのコミュニケーション力育成 ～熊本県高森町の事例～

エ　展開後半

展開後半では、「高森のために活動すること」という発問を中心として、個人思考、話し合い活動を行い、考えを深めさせていった。

授業においては、個人で「故郷のために活動すること」について考えさせた。生徒のワークシートからは「土馬さんはすごい」「自分も何かやりたい」となった。

次に、4人グループによる話し合い活動を行った。話し合い活動では、「高森のために活動すること」について、個人の意見を発表し合い、意見の交流を行った。その後、事前に準備していた保護者のインタビュー動画をグループで互いに視聴しながら、意見や気づきについて話し合った。保護者の動画の内容は「消防団の一員として、頑張っている」「買い物はできるだけ、地元のスーパーを使うようにしている」「町内で働いているが、自分の店にたくさんのお客が来ることで、町の発展につなげたい」等があり、普段のなにげない生活の中で、身近な保護者がさまざまな形態で町に携わっていることがよくわかった。

話し合い活動では、グループ内の生徒4人と保護者4人分、合計8人分の意見を聞くことができた。また、保護者のインタビュー動画の視聴がなければ、生徒同士の意見交流のみにとどまってしまうが、話し合いの中に保護者の意見が入り、生徒のみの意見交流とは別の視点が加わり、話し合いの内容が深まっていった。

話し合い活動の後に、意見をクラス全体で交流した。「自分も高森のために貢献したい」「地元で働いていることに誇りを持っていることがわかった」「たくさんの人々に支えられていることに気づいた」「地元で職についていることを生きがいにしている」等、今まで気づかなかった多くの発見があった。最後は、「高森のために何ができますか」という発問を通

グループでの意見発表の場面

インタビュー動画を互いに視聴

して、導入部分での課題であった点について考え発表させた。そのことについて、「町の行事に積極的に参加し活性化させたい」「清掃活動を行い観光客に好印象を与えたい」「高齢者の方を元気にしたいと思い、すでに活動している」「子ども議会を通して、自分たちも町に提案したので、こども議会をもっと開催して欲しい」など、自分たちの活動を振り返るような意見が出てきた。

最後の場面では、「高森町子ども議会」の様子を電子黒板に提示し、高森町をよりよくするために、自分たちも活動をしていたことに気づかせ、今後も故郷のために活動しようとする意欲を高めさせ授業を終えた。

④生徒の感想
・タブレット端末を使ったので、自分の親も友だちの親も、自分たちが知らない所で高森のために活動していることを知ることができた。これからも、親たちに負けないように活動したい。
・家庭で撮影した動画から友だちの親の意見を聞くことができてよかった。大人ってすごいなと思った。
・高森のために活動している大人が多くて驚いた。「中学生だから……」とか考えず、私も積極的に活動したい。

⑤実践を振り返って
　今回の授業では、「どのようにグループ活動を活性化させるか」「生徒の意見を広げることができるか」を考えながら、授業づくりを進めた。学習形態を工夫することで、生徒の考えが広がったり、話し合いが活発になったりした。それでも、意見の広がりとしては、まだ小さいものであった。そこで、意見をさらに広げるために、中学生以外の意見を授業の中に取り入れたいと考えた。ゲストティーチャーを呼ぶことも考えたが、高森のために活動していることを、生徒に身近に感じさせるためにも、生徒の保護者に映像で授業に参加してもらうようにした。生徒の感想からもわかるように、保護者のインタビュー動画を話し合いの場面で活用することで、話し合い活動が活発化されて、生徒の考えが深まっていることが明らかになった。
　今後も道徳の授業の中に、コミュニケーションツールの一つとして、デジタルコンテンツを取り入れていきたいと考えている。

動画を視聴し、気づきを話し合う

中学校2年　国語
「気になる『あの人』を探ろう」（Ｗｅｂ共有ボードを利用した学び合いの授業事例）

①授業づくりのポイント
　本実践では、まず、グループで調べる人物を決めて、いろいろな方法で調査し、「気になる『あの人』」についての新聞作りを行った。
　そして、一度完成させた新聞を他のグループの生徒が読んで、「改善した方がよいと思う点を伝える」活動を行い、新聞の制作活動を進めた。その際、新聞を改善していくうえで、①伝えたいことと記事のつながり②記事の構成・展開、③表現の仕方という「三つの改善の視点」を設けた。そうすることによって、効率よく作業を行うことができた。

新聞作成時の三つの改善の視点

①伝えたいことと記事のつながり
②記事の構成と展開
③よりよい表現の仕方

また、グループでの活動において、「三つの改善の視点」について話し合い、新聞記事を改善していった。改善の際に、他の班からの意見は全て受けつけなくてもよいとした。そうすることによって、話し合いの結末が「意見を採用するか、しないか」となり、自分の意見を言うだけでなく、他者を説得しようとする話し方になり、コミュニケーション力の育成につながると考えた。

②単元計画

時	学習活動
1・2	○単元全体の活動を説明し、学習の見通しを持たせる。 ○グループで話し合い、調べる人物を決める。
3～5	○調べる人物について新聞、インターネット、本等で調べる。 ○収集した情報を整理し、何を伝えるのかを話し合う。 ○新聞の構成、割付（レイアウト）を考え、分担を決める。 ○記事を書き、推敲し合って、新聞にまとめる。 ○他の班の新聞を見て、気づいたことを伝える。 ○他の班の作品や意見も参考にしながら、新聞を完成させる。
6	○互いの新聞を評価し合い、学校や地域で公開する。 ○学習を振り返り、新聞で表現する際に重要な点を確認する。

③授業の展開

過程	学習活動	指導上の留意点
つかむ	1　前時を振り返り、本時の学習の目標と見通しを確かめる。	・本時では、他の班からもらったアドバイスも参考にしながら新聞を完成させることを確認する。
考える	2　他の班の人に記入してもらった付箋を確認し、自分たちの新聞を見直し、改善していく。	・新聞を見直す際の視点を三つ提示することにより、今回身につけさせたい技能を意識させる。 ・自分たちが伝えたいことを意識しながら、根拠をもってアドバイスを生かすかどうか判断するように指示する。
深める	3　どの部分を修正するのかを検討し、その理由を発表する。	・アドバイスの付箋がはいている新聞と入っていない新聞の二つを電子黒板に提示し改善点がわかりやすくする。
広げる	4　本時の振り返りを行う。	・本時の活動を振り返り次回への意欲を高める。

④授業の実際
ア　前時と本時の導入

前時に、他の班の新聞を読んで、Web共有ボード上に他グループへのアドバイスを電子付箋で記入した。電子付箋のアドバイスは、ピンク色が「①伝えたことと記事のつながり」、青色が「②記事の構成・展開」、緑色が「③表現の仕方」であり、三つの改善の視点に基づいたアドバイスを記入するようにした。

導入では、アドバイスが記入済のWeb共有ボードを提示して、学習の流れを確認し、見通しを持って活動に取り組めるようにした。

イ　展開前半

授業の前半では、他のグループからもらったアドバイスを閲覧して、新聞の修正や追記を行うかどうかを個人で検討させるようにした。その際、他のグループのアドバイスを受けて修正・追記を行うか、ワークシートに理由とともに書き込んでいくようにした。

また、①伝えたいことと記事のつながり②記事の構成・展開、③表現の仕方という「三つの改善の視点」に基づいて、①ピンク→②青色→③緑色の付箋の順番で検討するようにした。

ウ　展開後半

個人でアドバイスについて検討したのち、グループでの話し合いを行った。

話し合いでは、それぞれの付箋紙に対して自分の考えや理由を発表し合い、アドバイスを採用するのか、しないのかを決定していった。採用するか決定した後には、自分のワークシートに結果を書き込んでいった。

自分の意見を述べるときには、ワークシートを使っていたが、話し合うときには、タブレット端末の画面と印刷した紙媒体の新聞の両方を使い分けながら、話し合いをすることができた。

紙媒体の新聞を準備することで、直接色ペンで書き込んだり、俯瞰的に全体を見たりすることができ、話し合いがさらに活発になった。

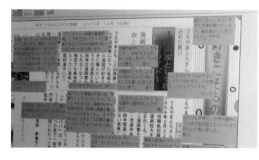
Web共有ボード上の3色の電子付箋

アドバイスを参考に個人で検討

グループで各自の意見を発表し合う

印刷した新聞校正も活用する

あるグループでの話し合いでは、以下のようなやりとりが行われた。
A「この写真が小さすぎると意見があったけど、どう思いますか」
B「私はアドバイスを参考にしました。確かに小さすぎて、よく見えない所があったから大きくした方がいいと思います」
C「僕は参考にしませんでした。その写真を大きくすると、そこに書いている記事が枠の中に入らなくなってしまうから」
A「じゃあ、どうしますか」
B「そこの記事を書いた人の意見を尊重しましょう」
C「では、記事が入りきれないので、このアドバイスは参考にしないようにしましょう」

アドバイスを全て受け入れる訳ではなく、班の中で話し合いながら、相手を説得したり、納得させたりする活動が見られた。グループでの話し合いが終わると、話し合った内容をクラスに発表した。発表する際に、電子黒板には、アドバイスの付箋がついていない新聞と、付箋がついている新聞の二つを並べて表示させた。二つの新聞を比べることで、アドバイスの付箋がどこにどんな内容で貼ってあるのかがわかるだけでなく、その付箋の下に書いてある記事を読むことができるようにした。

また、電子黒板の色ペンの機能を使用させ、どの部分について話しているのかをわかりやすく説明するように指導した。

話し合いの結果を学級全体で共有

⑤児童生徒の感想
・みんなで新聞を作りながら、お互いにアドバイスの付箋をつけてもらい、自分の書いた記事が「どんなふうに読まれたか」がよく伝わった。
・班のみんなでしっかり話し合うことができたのでよかったです。これからも、意見を出し合いながら、よりよい新聞を作成していきたいです。
・付箋でアドバイスをくれた人のおかげで、新聞の本当の目的を改めて確認することができました。
・アドバイスを参考にするかしないか、理由もつけてしっかりと考えて話し合えたと思います。他のグループのいろいろな考えを聞くことができてよかったです。
・いろんなアドバイスをもらって、多くの修正点が見つかった。参考にしながら修正していき、いい新聞ができそうです。

⑥実践を振り返って
　Web共有ボードを使った新聞作りを通して、生徒間のコミュニケーションを深めることができた。Web共有ボードを活用することで、一つの新聞に対して複数人で同時に作業することができた。グループのメンバー全員が同時に、記事や付箋を閲覧したり書き込んだりすることができ、グループでの伝え合いがより活発になった。また、話し合いの視点に沿って、Web共有ボードのデジタル付箋の色を変えながら意見交換できる点は、グループ間のやり取りを深め、後のグループ内での話し合い活動の深化につながった。

【執筆協力者】
高森中央小学校　杉 聖也
高森中学校　薮田 挙美

第3章

21世紀型コミュニケーション力の研修

* 第3章 … 21世紀型コミュニケーション力の研修 *

① 研修パッケージの開発

千葉県柏市立柏第二小学校　教頭
佐和 伸明

◆ 開発の目的

　全国、各校の研究主題を見ると、「表現力」「言語力」「伝え合う力」「情報活用能力」など、「21世紀型コミュニケーション力」に含まれる課題を掲げ、その育成に取り組んでいる学校が多い。それらの学校が、21世紀型コミュニケーション力の理論と、これまで蓄積された実践事例を参考にすることで、校内研究がより推進されるものと考える。

　そこで、本プロジェクトではそれらの学校を支援する目的で、研修会でそのまま活用できる研修パッケージを開発することとした。研修パッケージにより全国各地で研修が実施できるようにすることで、「コミュニケーション力指導の手引」「続・コミュニケーション力指導の手引」で紹介した学習活動の実現を目指すものである。

◆ 研修の視点

　研修パッケージは、21世紀型コミュニケーション力の育成を目指し、次の2点の方向性を明らかにして開発していくものとした。
【参加体験型】
○21世紀型コミュニケーション力の発想メソッド（ツール）を学ぶ研修
　コミュニケーション手法である「KJ法」や「ブレーンストーミング」「コンセプトマップ」等の発想メソッドを教師が研修の中で実際に体験・習得し、実際の授業で子どもたちに活動させるようにする。

【合意形成型】
○21世紀型コミュニケーション力育成に向けた課題解決や合意形成を行う研修
　コミュニケーション力育成の授業改善において、課題を教師集団で考えたり集団意志を決定したりして、研修の中で教師間での意見の一致を図る。

◆ 研修パッケージの内容

　研修パッケージには、研修プラン、研修モジュール、研修教材を用意した。教育委員会や学校の研修担当者が講師を務める際に利用することができるよう、データはWebで提供している。（http://www.japet.or.jp/Top/Case/21ccom/package/）

(1) 研修プラン

　受講者の実態と研修のねらいに応じて、次の三つの研修プランを用意した。
【A：理論解説】
○21世紀型コミュニケーション力育成の概要や考え方を理解する研修
　21世紀型コミュニケーション力育成の概要や基本的な考え方について、教師集団で理解を深めたり、校内研修等での取り組みの方向性を確認したりする。
【B：課題解決】
○21世紀型コミュニケーション力育成に向けた課題解決や合意形成を行う研修

コミュニケーション力育成の授業改善において、課題を教師集団で考えたり集団意志を決定したりして、研修の中で教師間での意見の一致を図る。

【C：参加体験】

○ 21 世紀型コミュニケーション力の思考ツールを学ぶ研修

コミュニケーション手法である「ブレーンストーミング」や「KJ 法」「イメージマップ」「バズセッション」等の思考ツールを教師が研修の中で実際に体験・習得し、実際の授業で子どもたちに活動させるようにする。

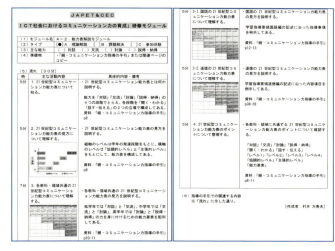

JAPET&CEC

「ICT社会におけるコミュニケーション力の育成」研修モジュール

（1）モジュール名	A－2：能力表解説モジュール
（2）タイプ	[●]A：理論解説　[ ]B：課題解決　[ ]C：参加体験
（3）主な能力	（ ）対話　（ ）交流　（ ）討論　（ ）説得・納得
（4）準備物	・「続・コミュニケーション力指導の手引」または関連ページのコピー

（5）流れ［30分］

時	主な活動内容	具体的内容・備考
5分	1. 21 世紀型コミュニケーション力能力表について知る。	・21 世紀型コミュニケーション能力表とは何か説明する。 能力を「対話」「交流」「討論」「説得・納得」の4つの段階でとらえ、各段階を「聞く・わかる」「話す・伝える」の2つの立場で構成してある。 資料：「続・コミュニケーション力指導の手引」p8
5分	2. 21 世紀型コミュニケーション力能力表の見方について理解する。	・21 世紀型コミュニケーション能力表の見方を説明する。 縦軸のレベルは学年の発達段階をもとに、横軸のレベルは「協調的レベル」と「主張的レベル」をもとにして、能力表を構成してある。 資料：「続・コミュニケーション力指導の手引」p9
7分	3. 各教科・領域共通の 21 世紀型コミュニケーション力能力表について理解する。	・各教科・領域共通の 21 世紀型コミュニケーション力能力表の見方を説明する。 低学年では「対話」と「交流」、中学年では「交流」と「討論」、高学年では「討論」と「説得・納得」の力を身に付けるための能力要素を配列してある。 資料：「続・コミュニケーション力指導の手引」p10-11
5分	3-1. 国語の 21 世紀型コミュニケーション力能力表について理解する。	・国語の 21 世紀型コミュニケーション力能力表の見方を説明する。 学習指導要領国語編の記述に沿った指導事項を例示してある。 資料：「続・コミュニケーション力指導の手引」p12-13
5分	3-2. 道徳の 21 世紀型コミュニケーション力能力表について理解する。	・道徳の 21 世紀型コミュニケーション力能力表の見方を説明する。 学習指導要領道徳編の記述に沿った内容項目を例示してある。 資料：「続・コミュニケーション力指導の手引」p38-39
3分	4. 21 世紀型コミュニケーション力能力表のポイントについて整理する。	・各教科・領域に共通する 21 世紀型コミュニケーション力能力表のポイントについて確認する。 「対話」「交流」「討論」「説得・納得」 「聞く・わかる」「話す・伝える」 「レベル1」「レベル2」「レベル3」「レベル4」 「協調的レベル」「主張的レベル」 「能力要素」 資料：「続・コミュニケーション力指導の手引」p8-11

（6）指導の手引での関連する内容
※「流れ」に示した通り。

［作成者：村井 万寿夫］

図表２：研修モジュールの一部

（2）研修モジュール

研修プランに応じて、研修の流れや具体的な活動内容をまとめたモジュールを作成した。現在までに、研修モジュールは10種類用意されている。また、モジュールは、15分・30分・45分の3パターンが設定されており、ねらいや設定時間に応じて組み合わせが可能である。具体的な組み合わせ事例等については、次節で紹介する。

A：理論解説	1	概要解説　モジュール
	2	能力表解説　モジュール
B：課題改善	1	授業研究　モジュール
	2	指導案改善　モジュール
C：参加体験	1	パネル討論　モジュール
	2	ブレーンストーミング　モジュール
	3	ブレーンストーミング＋KJ法　モジュール
	4	イメージマップ　モジュール
	5	バズセッション　モジュール
	6	ポスターセッション　モジュール

図表１：モジュール内容の類型

図表３：発表用データの一部

図表４：講師用ノートの一部

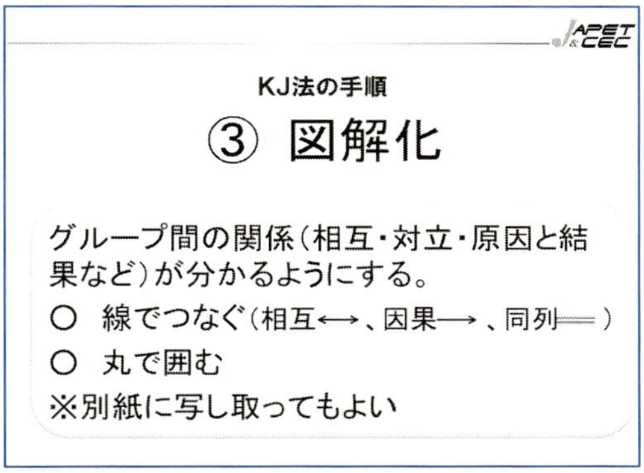

（3）研修教材

研修に必要な、研修モジュール（Word）、発表用データ（PowerPoint）、講師用ノート（pdf）を作成し、ダウンロードして使えるようになっている。

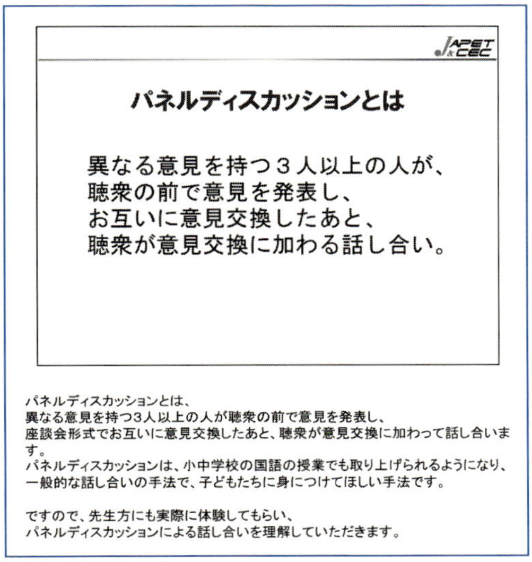

* 第3章 … 21世紀型コミュニケーション力の研修 *

② 21世紀型コミュニケーション力研修の実際と評価

佐和 伸明

◆ はじめに

　平成24年度に研修パッケージを作成し、柏市教育委員会主催の研修会1回、横浜市と佐賀市の小学校で校内研修会2回を実施した。そこでの検証によって課題を修正した後、平成25年度からは、研修を希望する教育委員会や学校を募集し、講師も派遣している。平成25年度は20回、平成26年度は22回の研修会を実施した。

　ここでは、研修の実際として、21世紀型コミュニケーション力研修をはじめて取り入れた学校の事例、すでに21世紀型コミュニケーション力の実践に取り組んでいる学校の事例、そして教育委員会や地域の研究会が主催する研修の3パターンの事例を紹介する。

◆ はじめて校内研修に取り入れた学校の事例（千葉県船橋市立塚田小学校）

（1）研修の目的

　研究主題を、「伝えあい学び合う算数科学習～自ら考え、表現する児童の育成～」としている。伝えあい学び合うためにはコミュニケーション能力の育成が必要であるため、21世紀型コミュニケーション力研修を希望した。また、コミュニケーション能力が育成されたかどうかを評価するためには、「コミュニケーション能力表」が一つの評価指標として役立つと考え、その内容を理解するために本研修を実施することとした。

（2）モジュールの組み合わせ

 理論解説：A1「概要解説モジュール」

 参加体験：C2「ブレーンストーミングモジュール」

研究授業へ

(3) 研修の流れ

時	主な活動内容	具体的内容・備考
5分	1. 21世紀型コミュニケーション能力表について理解する。	・21世紀型コミュニケーション力とは何か説明する。 資料スライドを提示 ・国語を例に、そのつみあげについて理解する。 配布資料：「続・コミュニケーション力指導の手引き」p8-17
5分	2. モデル授業を視聴する。 2-1. モデル授業の概要を理解する。	・配布資料を読み合う。 配布資料：「続・コミュニケーション力指導の手引き」p48-49
7分	2-2. 「対話」に関するモデル授業映像を視聴する。（6分57秒）	・モデル授業映像を提示する。 活動名：「ゆめののりもの」をしょうかいする会をひらこう 学年：第2学年、教科：国語 http://www.cec.or.jp/cecre/21ccomvideo.html 参考資料：「続・コミュニケーション力指導の手引」p51-56
4分	2-3. 「交流」に関するモデル授業映像を視聴する。（3分31秒）	・モデル授業映像を提示する。 活動名：風船がふくらむわけをみんなで考えよう 学年：第4学年、教科：理科 http://www.cec.or.jp/cecre/21ccomvideo.html 参考資料：「続・コミュニケーション力指導の手引」p63-68 ・協調的レベルについて説明する。
5分	2-4. 「討論」に関するモデル授業映像を視聴する。（4分49秒）	・モデル授業映像を提示する。 活動名：養殖漁業と栽培漁業、魚を増やすにはどちらがよいか 学年：第5学年、教科：社会 http://www.cec.or.jp/cecre/21ccomvideo.html 参考資料：「続・コミュニケーション力指導の手引」p69-74
6分	2-5. 「説得・納得」に関するモデル授業映像を視聴する。（5分12秒）	・モデル授業映像を提示する。 活動名：時間を分数で表すにはどうしたらよいか 学年：第5学年、教科：算数 http://www.cec.or.jp/cecre/21ccomvideo.html 参考資料：「続・コミュニケーション力指導の手引」p75-80 ・主張的レベルについて説明する。
5分	2-6. モデル授業についてあらためて理解する。	・「授業設計のポイント」「コミュニケーション育成とICT活用」について理解する。 配布資料：「続・コミュニケーション力指導の手引」p81-84
8分	3. 授業設計のイメージを持つ。	・「交流」と「討論」のちがいについて、小グループになって意見交換を通して理解を深める。 参考資料：「続・コミュニケーション力指導の手引」小学校3年・社会、学習活動案p100-101 参考資料：「続・コミュニケーション力指導の手引」小学校4年・総合、学習活動案p118-119 ・時間があれば、それぞれの担当学年（教科）についての授業イメージについて意見交換してもらう。

図表5：概要解説研修モジュール

①理論解説：概要や考え方を理解する研修
【概要解説モジュール】

・21世紀型コミュニケーション力について知る。

・21世紀型コミュニケーション力を「対話」「交流」「討論」「説得・納得」の四つの段階から整理し、各教科や領域ごとに目指す能力要素をまとめた「21世紀型コミュニケーション能力表」について理解する。

・モデル授業映像を視聴する。

・感想を出し合い、指導のポイントについて共有化を図る。

・配付された「手引き（資料）」を使い、21世紀型コミュニケーション力の授業イメージについて理解を深める。

21世紀型コミュニケーション力研修の実際と評価 >>

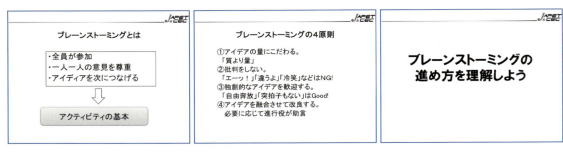

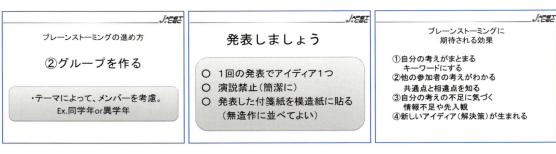

図表6：ブレーンストーミングモジュール発表用データ（抜粋）

テーマを設定する

発表した付箋紙を模造紙に貼る

②参加体験：思考ツールを学ぶ研修
【ブレーンストーミングモジュール】
・上のスライドを左から見て、ブレーンストーミングの進め方と指導のポイントを理解する。
・塚田小学校では、タブレット端末の活用を目指していたため、テーマを「タブレット端末を活用した授業」として、ワークショップを実施。少人数のグループで意見を出し合う活動を通して、さらに新しい考えを引き出す思考ツールであることを体験した。

（4）研究授業

　校内研修の後、研究教科である算数を軸にさかんに研究授業が実施されており、タブレット端末の活用も始まっている。
　塚田小学校以外の学校でも、理論解説と参加体験のモジュールを組み合わせることで教師のイメージが広がり、実際の授業で子どもたちに活動させるようになるケースが多く見られた。

◆ 継続して取り組んでいる学校の事例
（千葉県松戸市立馬橋小学校）

（1）研修の目的

馬橋小学校は、平成22年度より「21世紀型コミュニケーション力」を学校の研究テーマに設定し、学校体制で取り組んできた。（詳細は、『続・コミュニケーション力指導の手引き』p.162-167及び本書第2章を参照。）

すでに、校内で理論は共有されているが、教職員の異動もあり毎年確認の場は必要である。また、単に21世紀型コミュニケーション力の要素を取り入れるだけでなく、より質の高い活動を目指したい。そこで、コミュニケーション力育成の授業改善に向けて、授業研究の課題を教師集団で考えたり集団意志を決定したりして、研修の中で教師間での意見の一致を図る。

（2）モジュールの組み合わせ

① 研究授業
　＋
② 課題解決：B1「研究授業モジュール」
　参加体験：C3「ブレーンストーミング＋KJ法モジュール」
　↓
　次の研究授業へ

ここでの研修プランは、「研究授業モジュール」の中に「ブレーンストーミング＋KJ法モジュール」を取り入れる「入れ子」パターンとなる。

① 研究授業を参観し、成果と課題を考える。
② 課題解決：21世紀型コミュニケーション力育成に向けた課題解決や合意形成を行う研修【研究授業モジュール】（図表7）
　参加体験：思考ツールを学ぶ研修【ブレーンストーミング＋KJ法モジュール】（次頁図表8）
・ブレーンストーミングとKJ法の進め方を理解する。
・各自のアイディアを付箋紙に書いて、順番に発表する。
・グループで話し合って模造紙にまとめる。
・授業を改善するためのグループの考え（アイディア）を発表する。

（3）研修の流れ（70分）

時	主な活動内容	具体的内容・備考
20分	1. ブレーンストーミングの基本ルールと進め方、KJ法の概要と進め方を理解する。	・カード化されたアイディア（意見）をブレーンストーミングでグループ化し、整理し、問題解決の道筋を明らかにしていくための手法であることを伝える。 ・資料（スライド）を使い、ブレーンストーミングの原則と進め方、KJ法の概要と進め方を確認する。
	2. 改善したい実践の提案	・授業者等が、研究授業の概要や意図を簡単に説明する。
30分	3. グループによる話し合い ①グループごとにアイデアを出し合う。【交流】	・付箋紙を1枚ずつ出しながら、順番に発表させる。 ・グループファシリテータは、「批判厳禁」に留意させ、やすい雰囲気作りに努める。 ・発表した付箋紙は模造紙に貼っていく。（ここでは、関連性は考慮せず、無造作に並べてよい。） ・模造紙に貼られているカードを、関連性のあるものを集めて貼り直し、グループ化する。 ・線でつないだり、丸で囲んだりして、グループ間の関係を図解化する。 ・図解化、文章化（見出し等）されたものを見ながら、グループ内で討論する。 ・意見を組み合わせたり改良したり（統合改善）して、グループとしての意見をまとめていく。 ・意見がまとまったグループは、発表の準備をする。
10分	②出されたアイデアをもとに、グループごとに話し合って意見をまとめる。【討論】	・グループファシリテータを中心に、グループの意見を発表する。（各グループ2分程度）
10分	4. ワークショップのまとめを行う。 ・授業者による発表内容へのコメント ・受講者からのコメント ・ブレーンストーミングやKJ法の確認	・今後の授業などにおいて、どのような「21型コミュニケーションレベル」をねらっているかの視点で、学習活動を見直していくことの確認をする。 ・授業において、ブレーンストーミングやKJ法を活用することを進める。

図表7　授業研究研修モジュール

21世紀型コミュニケーション力研修の実際と評価　>>

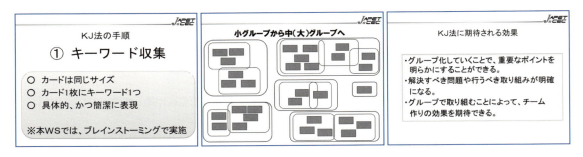

図表8：KJ法モジュール発表用データ（抜粋）

◆ 教育委員会（柏市など）や地域の研究会（浜松市など）が主催する研修のパターン

（1）研修の目的

県や市町村単位で21世紀型コミュニケーション力研修を実施することで、多くの学校から集まった代表者が同時に受講することができる。

さらに、各校に持ち帰って伝達してもらうことで、教師間で広がっていくことが期待できる。

（2）モジュールの組み合わせ

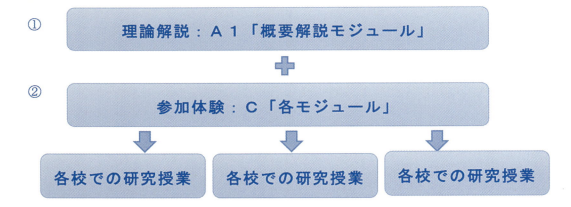

（3）研修の流れ

①理論解説
・「21世紀型コミュニケーション力」についての解説を聞く。
・「コミュニケーション力の育成」モデル授業を視聴して授業イメージを持つ。
②参加体験ワークショップ（各モジュール）
・アイスブレイクを行う。校内研修と異なり、知らない人とグループを作るため、アイスブレイクは重要である。

> **アイスブレイク**
> **アイスブレーキング**
> ・参加者の緊張を解く
> ・参加者同士が知り合う
> ・ワークショップへの準備運動

- 「ブレーンストーミング」や「KJ法」「イメージマップ」「バズセッション」等による研修を実施。テーマについては、地域の課題等を取り上げるとよい。
- （例）「コミュニケーション力を高める方法を考えよう」

　「柏市において普通教室でのICT活用を推進する方法を考えよう」　など

◆21世紀型コミュニケーション力研修の評価

平成24年度に先行して研修を実施した、柏市（千葉県）、横浜市（神奈川県）、佐賀市（佐賀県）の3地域において、研修に関する評価を実施した。以下の項目について4段階評定（4：とてもそう思う、3：すこしそう思う、2：あまり思わない、1：まったく思わない）で回答してもらった。

その結果、七つの項目すべてにおいて、そう思うと回答した割合が80％以上であり、とくに、コミュニケーション力育成に関する興味・関心や満足度、有用感等で高い評価であったことがわかる。

このように、21世紀型コミュニケーション力研修は高い研修効果があり、授業改善につながる可能性が示唆された。しかし、研修後の教師の意識が高まっただけでは、研修の効果があったとは言いがたい。研修を受講した教師が授業を実践し、子どもたちのコミュニケーション力が向上してこそ、その効果があったと言えるのである。

先に紹介した学校や地域では、研修後に積極的に研究授業が実施され、授業改善が図られている。今後も、21世紀型コミュニケーション力の研修が子どもたちの活動に結びつくように支援をしていきたい。また、全国各地で、本研修パッケージを利用した、主体的な研修が数多く実施されることを期待している。

- コミュニケーション力育成について、興味・関心を高めることができた。
- 今後のコミュニケーション力育成の指導に役立つ。
- 今後のコミュニケーション力育成や言語活動の充実に自信をつけた。
- 今回の研修内容が満足できたか。
- 今回の研修がきっかけとなり、今後の授業や指導が変わる。
- 今回の研修がきっかけとなり、子どもたちのコミュニケーション力が高まる。
- 今回の研修がきっかけとなり、コミュニケーション力育成への意識が変わった。

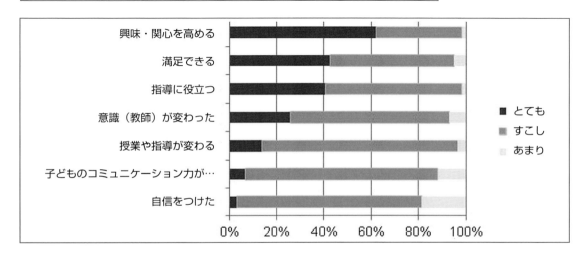

図表9：研修内容に関する研修後の回答結果

＊第3章 … 21世紀型コミュニケーション力の研修＊

③ シンキングツールを活用した
コミュニケーション力の育成

金沢星稜大学　教授
村井　万寿夫

◆ はじめに

　本節では、教材パッケージに同胞され、コミュニケーション力を育成するためのシンキングツールの一つであるイメージマップとポスターセッションの活用法について、基礎的な知識、活用上の留意点、授業活用例、授業に活用するための研修会の持ち方などについて紹介する。

◆ イメージマップの活用

(1) イメージマップについて

　コミュニケーション力は、事態をとらえ、思考し、表現し、伝え合うといった一連の活動の過程で身につき、高まっていくものであるということができる。このように考えると、学習活動の場において事物や事象、事例などから問題をとらえ、それについて自分なりの考えをもつことが重要となる。

　授業を参観していると、どの教師も子どもたちに「自分の考えをもちましょう」と指示したり助言したりしている。このとき、考えをもたせることに長けている教師は子どもたちの状況に合わせて補助発問を行ったり、思考を活性化するためのシンキングツールを使わせたりしている。後者の場合、ワークシート、吹き出し、短冊などが当てはまるが、多様な考えをもたせたいときに有用なツールがイメージマップである。

　イメージマップは、自己の内側にあるイメージ（心象）を外化する方法であり、コンピュータを使った『マインドマップ』という方法や、紙ベースで使える『イメージマップ法』（あるいはイメージマップテスト）という方法がある。いずれにしても核にキーワードを入れ、それから思いつくことを放射状に書いていくといった仕方である。

(2) イメージマップ法とは

　イメージマップ法は、教育工学の研究において水越敏行らが1981年に開発し、小学校の学習指導に用いられたことが始まりだといわれている。水越は「イメージマップは、より正確にいうと、連想語による認知の地図ともいうべきかもしれない」と言っている。

　筆者は1992年に水越・吉田らの研究グループの一員として環境教育の授業を行い、イメージマップ法を用いて小学生のイメージ生成の過程について考察した。その経験からいえることは、イメージマップ法は小学生にも適用することができ、発散的な思考や拡散的な思考が可能ある。また、単元の学習に入る前のイメージと学習終了時のイメージを比較することができるため、子どもたち個々の学習前と学習後のイメージを比較したり、集団の学習前と学習後のイメージを比較したりすることができる。

以上のようなことから、子どもでも簡便に使えるイメージマップ法（以下「イメージマップ」と称する）をもとに、コミュニケーション力を高めるための活用法について紹介する。

(3) イメージマップの基礎

イメージマップは冒頭でも述べたように、核にキーワードを入れ、それから思いつくことを放射状に書いていくことが基本となる。そのため、子どもたちに使わせるためには、A4版程度の大きさの用紙の真ん中にキーワードを入れる枠をつけておく（図表10）。

図表10：枠だけの用紙

たったこれだけでも使える。たとえば、枠内に「お正月」と書き、それから思いつくことを枠の周りに書くように指示するだけで、子どもは自由に書いていく。

中央につけた枠だけでは自由すぎて書きにくいといった場合には、枠の周りに思いついた言葉を書き入れるための枠をいくつか用意しておく（図表11）。

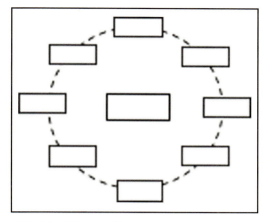

図表11：周りにも枠をつけた用紙

こうすると、子どもたちは書き方がわかり、どんどん書き込んでいく。途中で用意した枠が足りなくなったら、「枠と枠の間（箱と箱の間）に書きましょう」と言ってもよいし、「枠（箱）のまわりに書いてもいいです」と言ってもよい。

核となる枠の周りにも枠を用意する際、図表11のように点線で輪をつけると、枠をつけやすいし、子どもたちへの説明の際にも役立つ。

この輪は第1リンクと呼び、第2リンクもつけ、そこにも枠を用意することがある（図表12）。

この場合、キーワードから思いついた言葉を第1リンクの枠に書き込み、書き込んだ言

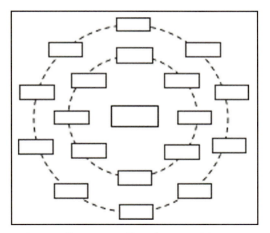

図表12：第2リンク枠をつけた用紙

葉から思いついた言葉を第2リンクの枠に書き込むように指示する。それが終わったら、またキーワードに戻り、キーワードから思いついた言葉を第1リンクに書き、それから思いついた言葉を第2リンクに書く。これを繰り返していく。

(4) イメージマップの活用例 〜基本編〜

①単元導入時の児童の意識の把握

筆者が小学校の教師だったときの活用例を紹介する。小学校第5学年（児童数27名）の環境教育の授業実践（単元名「人と森林」）において、単元に入る前の児童の意識を把握するためにイメージマップを用いた。森林について児童はどのようなイメージをもっているか単元に入る前に把握し、児童の意識に沿った授業を行いたいと考えたからだ。

児童にイメージマップ用紙を配付し、中心にある枠の中に『森林』というキーワードを書かせ、それから思いつくことを第1リンクに書くように指示した。そして、児童が書き込んだ言葉を一つ一つカードに書いて整理した結果、一番多かったのは「緑」に関する言葉で67％であった。次いで多かったのは「自然」に関する言葉で61％であった。これらのことがわかることによって話し合いの内容や課題設定について見通すことができた。

②単元導入時と終了時の児童の意識の把握

同じく筆者が小学校の教師だったときの第5学年理科「魚のたんじょうと育ち」において、学習が始まる前と後の意識を把握し、児童の環境認識がどのように変化したかを調べた。

『メダカ』のキーワードについて児童が書き込んだ言葉を一つ一つカードに書き起こし、KJ法的に処理してカテゴリー化した。そして、学習の前（事前）と学習の後（事後）

のカテゴリーの割合をグラフ化して比較した（図表13）。

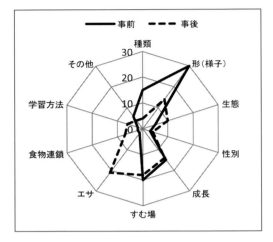

図表13：事前・事後の意識の比較

グラフを見ると、事前はメダカの形（様子）のことについての意識が多かったのに対し、事後はメダカのエサについての意識が増加し、生態や食物連鎖についての意識も高まっていることがわかる。

③まとめ

水越らが開発したイメージマップは、別名イメージマップテスト（略してIMT）とも言われるように、学習者の意識を記述することによって定量的に評価する方法であるが、次項からはイメージマップの考え方やよさを学習に取り入れた授業例について紹介する。

(5) イメージマップの活用例 〜国語編〜

ここで紹介するのは総務省「フューチャースクール推進事業」と文部科学省「学びのイノベーション事業」における実証授業校である石川県内灘町立大根布小学校の授業である。第1学年国語科「あつまれ、ふゆのことば」の授業において、ICT活用の一環としてイメー

ジマップの考え方が取り入れられている。

教科書には、「『ふゆ』という ことばから、なにがうかんできますか」と、子どもたちに問いかける文がある。その文のあとに、「ことばを あつめましょう」と続き、「『ふゆの ことば かるた』をつくって、みんなで あそびましょう」と呼びかけている。

そこで、指導にあたる教師は電子黒板を使い、真ん中に「おぞうに」と冬のキーワードを入れ、浮かんできた言葉を周りの枠の中に書き込み、子どもたちに言葉集めの方法を教える。

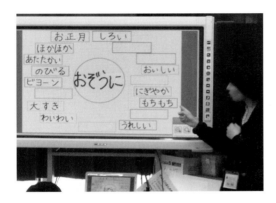

言葉集めの方法を電子黒板で提示

その次に、自分で見つけた冬の言葉を自分のタブレット端末の画面の真ん中にある円の中に書き込む。そして、その言葉から浮かん

おもちから浮かんだ言葉

でくる言葉を周りの枠に書き込んでいく。

その後、周りに書いた言葉の中からかるたに使う言葉を選び、自分の分のかるたの文を作る。

こたつから浮かんだ言葉から選択

かるたの文ができたら、見つけた冬の言葉とそれから浮かんだ言葉で作ったかるたの文を班のメンバーで紹介し、教え合いながらよりよい文に仕上げていく。

(6) イメージマップを活用する授業例 〜理科編〜

次に、著書「コミュニケーション力指導の手引 小学校版」の中に掲載してある学習活動案をベースにしながら、イメージマップを初めて取り入れる授業例を紹介する。

1. 学　年　第3学年
2. 教科等　理科
3. 単元名　こん虫をしらべよう
4. ねらい　モンシロチョウの学習でわかったことをもとにして、昆虫の成虫の体は頭、胸、腹の三つの部分からできていることを観察しながら理解する。

シンキングツールを活用したコミュニケーション力の育成　>>

学習活動	指導上の留意点
1　前時までの学習を想起する。 ・モンシロチョウの体は、あたま、むね、はらの三つに分けられるよ。 2　本時のめあてをつかむ。 　┌─────────────────────┐ 　│ モンシロチョウ以外のこん虫の体のつくりはど │ 　│ うなっているのかな？ │ 　└─────────────────────┘ 3　知っているこん虫の名前を書く。 ・まわりの箱に名前を書けばいいんだね。 ・えーと、トンボ、バッタ、…… 4　こん虫の名前を出し合う。 ・友だちが言ったのにしるしをつけよう。 5　こん虫の体を観察する。 ・トンボの体は三つに分けられるよ。 ・バッタやカブトムシもそうだよ。 ・アリの体は小さくて見にくいなあ。 6　観察したことを発表する。 ・トンボ、バッタ、カブトムシ、アリは、頭とむねとはらの三つだった。 ・クモは三つじゃなかった。 7　学習のまとめをする。 　┌─────────────────────┐ 　│ こん虫の体にきまりがあり、頭、むね、はらの │ 　│ 三つになっていて、足は6本ある。 │ 　└─────────────────────┘	○理科の学習帳を見ながら、モンシロチョウの体のつくりは、頭、胸、腹の三つだったことを思い出させる。 ○モンシロチョウ以外の昆虫の体のつくりはどうなっているのかについて意識を高めて本時も課題を設定する。 ○これまでの経験から個々の児童はいろいろな昆虫の名前を知っているので、それをイメージマップシートに書かせる。 ○イメージマップシートに書いた名前を一人一つずつ発表させ、板書していく。 ○できるだけ本物を準備するとともに、図鑑やコンピュータソフトでも観察できるようにして準備しておく。観察シートも用意して配付する。 ○発表したものに印を付け、昆虫はぜんぶ体が三つになっていることを確認するとともに、足の数にも意識を向けさせ、ぜんぶ6本であることを気づかせる。 ○理科の学習帳にイメージマップシートと観察シートを貼って、学習のまとめをその下に書くように指示する。

（7）授業にイメージマップを活用するための研修会の持ち方

ここでは自己の担当とする授業にイメージマップを活用するための校内研修会等の研修会の持ち方や進め方に紹介する。

①研修会の前提（目的）

コミュニケーション力の中でもとくに交流や討論といった能力育成を目指す。そのため、指導にあたる教師自身がイメージマップの方法について理解するために研修する。

②研修会の流れ（45分設定）

短時間でイメージマップについて理解し、子どもの発達段階や授業のねらいに合わせた取り入れた方について研修する流れを示す。

配時	おもな活動	具体的内容
3分	1. イメージマップの概要を理解する。	・本書P.100の「イメージマップについて」を読みながら、イメージマップの概要を理解する。
3分	2.「イメージマップ法」について知る。	・本書P.100の「イメージマップ法とは」を読み、イメージマップ法について知る。
5分	3. いろいろな形のイメージマップについて知る。	・本書P.101の「イメージマップの基礎」を読みながら、子どもの発達段階や授業のねらいに合わせた形があることを知る。
7分	4. イメージマップの基本的な活用方法について知る。	・本書P.102の「イメージマップの活用例〜基本編〜」を読みながら、子どもの意識の把握の仕方について考える、意見交換する。
7分	5. タブレット端末を活用したイメージマップ活用の方法について知る。	・本書P.102の「イメージマップの活用例〜国語編〜」を読みながら、ICT環境を活かした活用例について考え、意見交換する。
5分	6. イメージマップを活用して交流したり討論したりする学習活動について考える。	・本書P.103の「イメージマップを活用する授業例〜理科編〜」を読みながら、イメージマップを取り入れた授業のイメージを高める。
15分	7. イメージマップを取り入れた授業について考える。	・これまでのことを踏まえた上で、自己の授業でどのように取り入れるか考えて参加者同士で伝え合い、意見交換する。

シンキングツールを活用したコミュニケーション力の育成 >>

（8）イメージマップに関するＱ＆Ａ

イメージマップに関することのＱ＆Ａによって、授業で活用したり学校等における研修会で共通理解したりしていただきたい。

Q1　イメージマップは何年生あたりから使えますか？
A1　小学校１年生でも使えます。ある事柄（キーワード）に対して思ったことを順次書いていくという方法なので、通常のワークシートの感覚で使えると思います。

Q2　どんな練習をさせればよいですか？
A2　最初はキーワードを入れておくとともに、周りの枠にも２，３の例を示しておき、その続きをさせるとスムーズにいくでしょう。その次には、キーワードだけ書いておく。その次は子どもたちの意識に合わせてキーワードを指定するといった段取りがよいと思います。

Q3　どんなときにイメージマップを使うと効果的ですか？
A3　イメージマップは思考を外化するための方法の一つですが、マインドマップと同じように創造的な思考、発散的な思考をさせる際に効果を発揮します。

Q4　子どもたちに使わせるとき、教師として何か注意すべきことがありますか？
A4　第１リンクや第２リンクに前もって枠を付けておくと、いっぱい書かないといけない意識になるので、書いた量を子どもたち同士で比べさせないようにすることが注意点です。

Q5　本書にイメージマップは定量的に評価する方法とありましたがどういうことですか？
A5　学習前と学習後に書いた言葉の数や内容を比較することによって、子どもたちの当該の学習に対する意識を把握し、授業の評価や改善に役立つということです。

Q6　マインドマップとイメージマップの違いがよくわかりません。
A6　基本的には同じです。異なる点は、マインドマップは核となる枠に入れたキーワードから思いついた言葉を書いたら、その間を線で結び、線の近くに両者の関係を書きます。イメージマップでも線で結びことをしますが、両者の関係を書くことはしません。

Q7　コンセプトマップというのも聞いたことがあるのですが。
A7　コンセプトマップは「概念図」とも言われ、中央にあるキーワードに関係する言葉（事柄）をあらかじめ紙面の周囲にたくさん用意しておき、学習者がそれらの言葉（事柄）から任意に選び、自由に配置して考えをまとめていくといった方法です。

◆ ポスターセッションの活用

（1）ポスターセッションについて

コミュニケーション力が一番発揮されるのは、話し手と聞き手が直接にやりとりされる場であるといえる。つまり、伝え合う場においてであるといってよい。このように考えると、教科等の学習活動の場において「伝え合う場」は常にあるといっても過言ではない。そうすると、その場では何らかの媒体が必要

となる。その媒体の一つがポスターである。

ポスターは、文字、図、表、写真などを用いて他者に伝えたいことをまとめる。まとめる際には、通常、模造紙が用いられることが多いが、B5版用紙やA3版用紙を複数枚用いる場合もある。そして、まとめたものを示しながら相手に説明したり相手からの質問に答えたりするといった方法がポスターセッションである。

シンキングツールとしてのイメージマップは「思考の外化」「拡散的思考」などが特徴として挙げられるが、ポスターセッションは伝える相手を意識して表したものを使ってコミュニケーションすることが特徴といえる。よって、単元の学習がある程度進んでから、または、学習終了時にポスターセッションの場を設定することが多い。

(2) ポスターを作るときの留意点

ポスターセッション用のポスターを作るときには、少なくとも次の5観点について留意し、指導を行うことが重要である。
①見るだけでも興味をひきつける
　伝えたいことが相手の興味をひく「見え方」になっている。
②読むだけでも内容が把握できる
　話し手が直接説明しなくても伝えたい内容が短い見出しやキーワードになっている。
③文字が読みやすい
　文字の大きさや色、文章の表現が読む相手にわかりやすくなっている。
④図表が見やすい
　伝えたい内容が図や表、絵などの視覚に訴えるものになっている。
⑤ポスターの枚数は適切である
　伝えたいことを簡潔にまとめたものになっている。

(3) ポスターセッションの基礎

ここでは小学校や中学校におけるポスターセッションの事例やポスターセッション的な活動を紹介しながら、ポスターセッションの基礎と思われることについて述べる。

①小学校社会科の事例から

水産業の授業で、一本釣り漁と巻き網漁について分かれて調べ、わかったことをポスターにまとめて発表する。

このようなポスターセッションでは、ポスターを貼ることができる衝立板を用意するか、黒板などに貼ることができるようにする。また、一定時間の確保と交代の指示を教師が行うようにする。

衝立板にポスターを貼って発表

②小学校生活科の事例から

ザリガニの特徴や飼い方について2年生が1年生に教えるときに何枚かの画用紙を使って説明する。

複数の画用紙を使って発表

シンキングツールを活用したコミュニケーション力の育成 >>

1年生にわかるように画用紙での表し方と説明の仕方の練習を十分に行うようにする。また、説明後の質問の場と時間を確保し、その指示を教師が行うようにする。

③中学校数学科の事例から

連立方程式の解き方を考え、クラスメイトにわかるようにホワイトボードに書いて説明する。

全体の場で説明させる場をとることで教師が一方的に解説よりも生徒は主体的に説明することになり、コミュニケーション活動を活性化することができる。

学習の途中で自分の解法を発表

（4）発表（セッション）するときの留意点

①よりよいポスターセッションを目指すために

子どもたちがポスターセッションに慣れてきたら、よりコミュニケーションが深まるように次の5観点について子どもたちにわかりやすく説明し、発表のめあてを持たせるようにしたい。

```
1 気楽に質問できる
  ・話し手中心に話し続けるのではなく、途中、
   聞き手から質問できる間をとる。
2 どのタイミングでも質問できる
  ・聞き手から質問できるように、「ここまで
   いいですか？」などと確認する。
3 聞き手を意識した話し方
  ・聞き手の立場で、資料のどこを話してい
   るか指したり具体物を見せたりする。
4 議論を発展させる
  ・質問に答えたりしながら、相手の考えも
   引き出すようにする。
5 興味を持たせる
  ・聞き手に質問したり予想させたりしなが
   ら、聞き手が話に関われるようにする。
```

②評価の場と方法

ポスターセッションは学習活動の一定時間、子どもたちが主体となって進めていく。よって、ポスターセッション活動の振り返りや評価を子どもたちで行うことも取り入れていきたい。そのことによって、さらにコミュニケーション力の育成につながる。

ポスターと発表についての評価カード例を紹介するので、参考にしたり改良したりして使ってほしい（図表14）。

■ ポスターに点数をつけてもらいましょう。

	とても	まあまあ	あまり
① 見るだけでも興味をひきつける	3	2	1
② 読むだけでも内容が把握できる	3	2	1
③ 文字が読みやすい	3	2	1
④ 図表が見やすい	3	2	1
⑤ ポスターの枚数は適切である	3	2	1

■ 発表について点数をつけてもらいましょう。

	とても	まあまあ	あまり
① 気楽に質問しやすい	3	2	1
② どのタイミングでも質問できる	3	2	1
③ 聞き手を意識した話しぶり	3	2	1
④ 議論が発展する	3	2	1
⑤ 興味を持たせる工夫がある	3	2	1

図表14：評価カードのサンプル

(5) ポスターセッションを活用する授業案
～総合的学習編～

『コミュニケーション力指導の手引 小学校版』（高陵社書店）の中に掲載してある学習活動案をベースにしながら、ポスターセッションを取り入れた授業案について紹介する。

1. 学　年　第4学年
2. 教科等　総合的学習
3. 単元名　きれいな水を未来へつなごう
4. ねらい　話し手は家の人を納得させるためのポスター内容を考え、相手グループに伝えることができる。聞き手は相手グループのよい点や改善点を見つけることができる。

学習活動	指導上の留意点
1　前時までの学習を想起する。 ・まとめたものを見る。	○これまでの学習でまとめたものを見ながら水に大切さを思い出させる。
2　本時のめあてをつかむ。 家の人を納得させるポスターを作って、みんなで交流し、お互いに教え合おう。	○家でたくさん水を使うので、家族に協力してもらうため、ポスターを作って、上手に説明しようとする意欲を高める。
3　模造紙の中にこれまでの学習のまとめを配置しながらポスターの構成を考える。 ・貼る位置が決まったらスプレー糊で貼る。	○これまでの学習のポートフォリオファイルの中から水の大切さや節約する方法などを選ばせる。
4　配置したものにつける見出しや説明文について考える。 ・見出しや説明文用の短冊に書いて貼る。	○家の人に興味を持ってもらったり、呼びかけたりする見出しや文を考えさせる。
5　ポスターを使って説明の練習をする。 ・ポスターを指しながら説明する。	○グループの中の誰もが説明できるように交代で練習させる。
6　ポスター発表して交流する。 ・聞き手はメモしながら聞く。	○前半と後半に分けてポスター発表し、よい点や改善点について教え合わせる。
7　よい点や改善点について教え合う。 ・ポスターについて教え合う。 ・説明について教え合う。	○聞き手になったときのメモをもとに、実際のポスターの前でよい点を伝えた後、改善点を伝えて話し合わせる。
8　ポスターを完成させる。 ・スプレー糊を剥がして糊づけする。 ・模造紙に直にマジックで書く。	○話し合ったことをもとにしながら最後の糊付けをしたり、マジックで見出しや説明文を書いたりするように指示する。

シンキングツールを活用したコミュニケーション力の育成　>>

(6) 授業にポスターセッションを活用するための研修会の持ち方

ここでは自己の担当とする授業にポスターセッションを活用するための校内研修会等の研修会の持ち方や進め方に紹介する。

①研修会の前提（目的）

コミュニケーション力の中でもとくに討論や説得・納得といった能力育成を目指す。そのため、指導にあたる教師自身がポスターセッションの方法について理解するために研修する。

②研修会の流れ（45分設定）

短時間でポスターセッションについて理解し、全校的な授業実践につながる流れを示す。

配時	おもな活動	具体的内容
3分	1. ポスターセッションの概要を理解する。	・本書P.106の「ポスターセッションについて」を読みながら、ポスターセッションの概要を理解する。
3分	2. ポスター作成時の留意点を理解する。	・本書P.107の「ポスターを作るときの留意点」を読みながら、子どもたちにポスターを作らせるときの留意点について理解する。
5分	3. いろいろな形のポスターセッションを知る。	・本書P.107の「ポスターセッションの基礎」を読みながら、授業のねらいに合わせた形があることを知る。
7分	4. ポスターセッションを行うときの留意点について考える。	・本書P.108の「発表（セッション）するときの留意点」を読みながら、学年に合わせた指示の仕方について考える、意見交換する。
7分	5. ポスターセッションの評価について考える。	・本書P.108の「評価の場と方法」を読みながら、振り返りや評価について考え、意見交換する。
5分	6. ポスターセッションを活用して討論する学習活動について考える。	・本書P.109の「ポスターセッションを活用する授業案」を読みながら、ポスターセッションを取り入れた授業のイメージを高める。
15分	7. ポスターセッションを取り入れた授業について考える。	・これまでのことを踏まえた上で、自己の授業でどのように取り入れるか考えて参加者同士で伝え合い、意見交換する。

（7）ポスターセッションに関するＱ＆Ａ

ポスターセッションに関することのＱ＆Ａによって、授業で活用したり学校等における研修会で共通理解したりしていただきたい。

Q1　どんな練習をさせればよいですか？
A1　「よりよいポスターセッションを目指すために」で述べた５観点を子どもに意識させて練習するとよいでしょう。可能ならグループ内やペアで練習を兼ねたプレ発表を行い、相互評価しておくと落ち着いて発表ができます。お互いに聞き手の立場に立って見合うことで発表の仕方やポスターについて改善点も見えてきます。また、日頃より相手を意識した発表方法や自分の考えを説明するといった学習活動を多く取り入れることで、ポスターセッションのための練習時間は短縮できます。

Q2　どんなときにポスターセッションを取り入れると効果的ですか？
A2　たとえば、グループ学習で、実験・観察してわかったことや調べたことをまとめるときに取り入れるとよいと思います。それぞれの発表内容が似ている場合は、全てのグループの発表をするには時間がかかり、見ている子どもたちも飽きてしまします。複数のグループの発表と自分の班の発表を比べることが大きな目標ならポスターセッションは効果的であり、時間を大幅に短縮することもできます。

Q3　ポスターの大きさや枚数に決まりはありますか？
A3　通常、模造紙を用いることが多いため、ポスターセッションと言うと模造紙で発表というイメージがありますが、大きさや枚数に決まりはありません。また、ノートやホワイトボードで発表するミニポスターセッションも日頃より行うとよいでしょう。

Q4　ポスターと言うからには、やはり、紙を基本に考えればよいですか？
A4　紙は学校の文化に根付いていて、いつもで簡便に使えるので、基本と考えてよいですが、電子黒板や大型テレビ、タブレット端末などを使う方法もあります。

Q5　使い終わったポスターはどうすればよいでしょう？
A5　校内や教室、内容によっては地域の施設等に掲示するといった方法があります。グループで作成することが多いので、デジカメで撮影し印刷して子どもに配るのもよいでしょう。

Q6　本書にある「45分」の研修会を行った後はどうすればよいかアドバイスをください。
A6　先生方でテーマを設定し、模造紙大のポスターを作り、実際にポスターセッションをやってみてください。そうすると、子どもの側に立った気づきや発見などがあります。

【本節参考文献】
・水越敏行編著『視聴能力の形成と評価－新しい学力づくりへの提言－』日本放送協会，1981年
・日本教育工学会編『教育工学事典』実教出版，2000年
・坂元　昂他15名『マルチメディアの子どもたち』産調出版，1995年

【 編著者 】

中川 一史（なかがわ・ひとし）【編者代表】
放送大学　教授

1959年生まれ。専門領域はメディア教育。日本教育メディア学会、日本教育工学会、全日本教育工学研究協議会などに所属。光村図書出版小学校国語教科書編集委員、日本文教出版高等学校情報教科書編集委員。国語と情報教育研究プロジェクト代表、D-project（デジタル表現研究会）会長など。『タブレット端末で実現する協働的な学び ～xSync シンクロする思考』（編著、フォーラム・A）、『ICT で伝えるチカラ　50の授業・研修事例集』（監修、フォーラム・A）ほか。

山本 朋弘（やまもと・ともひろ）
熊本県教育庁教育政策課　指導主事

1967年生まれ。専門領域は教育工学。日本教育工学会、日本教育メディア学会、教育システム情報学会などに所属。文部科学省「教育の情報化に関する手引」検討委員、「学びのイノベーション推進協議会」WG 検討委員、先導的な教育体制構築事業推進協議会委員など。『コミュニケーション力指導の手引』（執筆、高陵社書店）、『「校務の情報化」入門』（執筆、教育開発研究所）ほか。

佐和 伸明（さわ・のぶあき）
千葉県柏市立柏第二小学校　教頭

千葉県柏市や松戸市で情報教育研究指定校の研究主任を長年務めた後、柏市立教育研究所指導主事を経て、平成26年度年より現職。文部科学省「メディア教育指導者講座」の講師等、学力向上やコミュニケーション能力を高めるための ICT 活用や児童生徒の情報モラルの育成に関する教員研修を、全国各地で実施している。

村井 万寿夫（むらい・ますお）
金沢星稜大学　教授

1956年生まれ。専門は教育工学、総合的学習教育学。所属学会は日本教育工学会、日本教育メディア学会、コンピュータ利用教育学会、日本生活科・総合的学習教育学会。主な著書は『基礎から学ぶパソコン』（共立出版）、『デジタル教材で理科が変わる』（ぎょうせい）など。文部科学省「先導的な教育体制構築事業推進協議会・新たな学びワーキンググループ」委員を務める。

【 執筆者 】

中川 一史	第1章
堤 由美子	第2章1節
楠本 誠	第2章2節
岩﨑 有朋	第2章3節
山本 朋弘	第2章4節
佐和 伸明	第3章1節、2節
村井 万寿夫	第3章3節

タブレット端末を活用した21世紀型コミュニケーション力の育成

2015年3月20日　初版　第1刷発行

監修者　一般社団法人　日本教育情報化振興会
編著者　中川一史・山本朋弘・佐和伸明・村井万寿夫　©2015
発行者　面屋龍延
発行所　フォーラム・A

〒530-0056　大阪市北区兎我野町 15-13
電話　（06）6365-5606
FAX　（06）6365-5607
振替　00970-3-127184

制作編集担当・矢田智子

カバーデザイン―クリエイティブ・コンセプト
編集協力・DTP―堤谷孝人／印刷・製本―シナノ・パブリッシング

ISBN978-4-89428-883-6　C3037